顾问：李学勤 罗哲文 俞伟超 曾宪通 彭卿云

盛世再现

李 默/主编

中华文明是人类历史上最伟大的文明之一，是人类文明发展的主要构成。中华文明丰富、深刻、辉煌、博大，在人类文明中的骨干作用和领导作用为人所共知。在人类文明的发源时期，中华文明就是四大古文明之一，是地球上文化的策源地之一。

广东旅游出版社
GUANGDONG TRAVEL & TOURISM PRESS
悦读书·悦旅行·悦享人生

中国·广州

图书在版编目（CIP）数据

盛世再现 / 李默主编 . — 广州 : 广东旅游出版社,
2013.1（2024.8 重印）
ISBN 978-7-80766-422-2

Ⅰ . ①盛… Ⅱ . ①李… Ⅲ . ①中国历史—明代—通俗
读物 Ⅳ . ① K248.09

中国版本图书馆 CIP 数据核字 (2012) 第 258003 号

出 版 人：刘志松
总 策 划：李 默
责任编辑：张晶晶 黎 娜
装帧设计：盛世书香工作室 腾飞文化
责任校对：李瑞苑
责任技编：冼志良

盛世再现
SHENG SHI ZAI XIAN

广东旅游出版社出版发行
（广东省广州市荔湾区沙面北街 71 号首、二层）
邮编：510130
电话：020-87347732（总编室） 020-87348887（销售热线）
投稿邮箱：2026542779@qq.com
印刷：三河市嵩川印刷有限公司
（河北省廊坊市三河市杨庄镇肖庄子村）
开本：650×920mm 16 开
字数：105 千字
印张：10
版次：2013 年 1 月第 1 版
印次：2024 年 8 月第 3 次印刷
定价：45.80 元

出版者识

　　《话说中华文明》是一部全景式图文并茂记录中国文明历史的大书。出版者穷数年之力，会集各方力量——专家、学者、编辑、学术顾问们，在浩如烟海的历史档案、资料、著作中，探珍问宝，追寻中华文明在悠悠历史长河中的灿烂之光。此书的出版，凝聚了编撰者的心血，学术顾问们的智慧。尤其是李学勤先生，亲自动笔写下了序言，更增加了本书沉甸甸的分量。

　　中华文明的历史充满了辉煌与苦难，成就和挫折。它的历史无处不在，决定着我们中国人今天的思想和感情。当今的中国和中国人是中华文明的历史造就的，是中华文明的历史的延伸，也是它的一个组成部分，中华文明的历史之河奔流到现在。

　　中华文明是人类历史上最伟大的文明之一，是人类文明发展的主要构成。中华文明丰富、深刻、辉煌、博大，在人类文明中的骨干作用和领导作用人所共知。在人类文明的发源时期，中国就是四大古国之一，是地球上文化的策源地之一。在人类文明的早期，中华文明成为文明在东方的支柱，公元前后200年间，人类的汉帝国与罗马帝国这两只铁手攫住了地球。在欧洲进入中世纪的时候，中华文明更成为人类文明最主要的领导，它的文明统治东亚，传遍世界。进入近代，中华文明处于自身的重压和西方的欺凌下，但中国人民的斗争史和奋起精神是人类文明历史中不可缺少的一页。

　　五千年的中华文明为人类贡献出了从思想家孔子到科学技术的四大发明、从唐诗宋词到长城运河的伟大创造，贡献出了从诸子百家到宋明理学，从商周铜器到明清文学的深刻内涵，也贡献出了从五霸七强到三国纷争、从文景之治到十大武功的辉煌历史。中华文明的历史绚烂多彩，在人类文明的历史长河中永放光芒。

　　中华文明也是人类历史上最独特的文明，没有哪一个文明像中华文明这样持久，这样统一一致。世界上其他文明不但互相交错，其创造者也都与高加索体质的人种有关，它们是姐妹文明。在人类历史中，只有中华文明才是独特的，它的创造者是中国土地上的中国人民，与其他任何地方的人民都没有关系，它的文化是统一一致的文化，可以不依赖于其他任何文明而生存，但中华文明也绝不是封闭的，它接受他人的文化，也承担自己对于人类的责任。

　　人类进入新世纪，中国的社会经济发展令世人瞩目。人们对于世界未来的政治和经济结构的估计无不以东亚和太平洋为中心，而尤以中国为重点。

　　经济起飞只是当代中国的一个方面，中国的精神文明的建设尤为刻不容缓。如果中国要自觉地发展中华文明，要有意识地使中国的发展具有世界意义，就必须发展强有力的精神文化，这样才能使中华文明的发展进入一个新的阶段，才能形成中国和中华文明的全面现代化。

而中国的精神文化的发展植根于中华文明的伟大传统之中。进入近代之后，在西方文化的冲击下，对于中国文化的价值产生大量的情绪化和激烈冲突的论调。"五四"运动打倒孔家店的口号具有冲破封建束缚的时代意义，对中国文化的发展有不容否认的正面意义，与文化虚无主义是完全不同的。文化虚无主义者否定中国传统文化，在现代化的旗帜下主张全盘西化；而复古主义则沉迷于中国文化的古董，走进反进步、反科学的泥潭。

历史的发展则超越了所有这些论点，产生这些论调的一百多年来的中国近代史已经结束。历史要求中国发展，要求中国走在全世界发展的前列。西化论和复古论都已过时，历史已经要求世界超越西方，中国可以承担起世界的命运，而中国的现实和世界的历史都说明，中国的使命在于它的发展前进，而非倒退。

中华文明走出迷惘的时代，我们这一代处在一个伟大而具有挑战的历史阶段。

总结历史、展望未来，这就是《话说中华文明》的意义和使命。我们创作《话说中华文明》，力求总结和回顾中华文明的全貌，在内容和形式上都开创一个新的局面。在内容结构上，既具有一定的深度，又具有相当的广博性，既有严谨、准确的学术价值，又有活泼、流畅的可读性。我们在本丛书内容纳了中华文明的各个方面，使它综合了大规模学术著作的系统性、严密性和普及读物的全面性、简易性，它既可作为大型工具书检索中华文明的各个成分，又可作为通俗的读物进行浏览。

我们从上世纪90年代初起就开始思考中华文明的历史和现实问题，并逐渐形成了编著《话说中华文明》的设想。在开展这项庞大的文化工程之始，我们就聘请了国内权威学者李学勤、罗哲文、俞伟超、曾宪通、彭卿云诸先生担任学术顾问，他们对计划作了充分讨论，并审阅了大量初稿。我们聘请了广州、香港地区的社会科学学者、大学教师、研究生以及我社编辑人员几十人担任稿件的撰写工作。

通过创作这部书，我们深深地感受到了中华文明的博大精深，也感受到了它的内在缺陷。中华文明具有辉煌的时期，也有苦难的年代，有它灿烂的成就，也有其不足的方面。中华文明在自身中能够吸取充分的经验和教训，就能够使自身健康壮大，成长发展。

通过创作这部书，我们也深深感受到了出版事业的使命和重任。我们希望这部书能受到广大读者的喜爱，起到它所应当起的作用。为中华文明的反省、前进和奋起作一点贡献。

目 录

盛世再现

盛世再现

明朝

1481 ~ 1490A.D.

明朝

1481A.D. 明成化十七年

四月，鞑靼侵宣府。

十一月，安南据占城，侵老挝，遣使谕之。

1482A.D. 明成化十八年

三月，罢西厂。四月，哈密酋长罕慎攻复故地，逐土鲁番戍兵。

1483A.D. 明成化十九年

六月，广西平乐等处瑶民起事攻城，旋败散。七月，小王子犯大同，官兵败；八月遂犯宣府，败还。
汪直贬黜。

1484A.D. 明成化二十年

正月，小王子扰大同。名学者胡居仁死。

1485A.D. 明成化二十一年

三月，开纳粟例以赈河南饥。

1486A.D. 明成化二十二年

正月，鞑靼扰临洮。七月，小王子扰甘州。

十一月，占城王古来为安南所逼来奔。

1487A.D. 明成化二十三年

正月，遣官发兵送占城王古来归国。五月，朵颜等三卫为鞑靼所逼，款塞请避，令在近边地驻牧。

八月宪宗死，太子祐樘即位，是为孝宗敬皇帝。九月，贬逐宪宗诸佞倖。

邱濬进《大学衍义补》。

1488A.D. 明孝宗敬皇帝朱祐樘弘治元年

二月，以哈密王罕慎告瓦剌犯边之讯，得以为备，封之为忠顺王。三月，小王子扰兰州，败还。

六月，小王子遣使通贡，自称大元汉。十一月，僧继晓在宪宗时，淫恣横暴，宪宗死，被逐，至是杀之。

1481A.D. 西班牙异端裁判所在安达露西亚焚死判决为异端者。同年犹太人大举迁徙，离去西班牙。

1484A.D. 丢勒作《自画像》。

1485A.D. 玫瑰战争至此终结。

1487A.D. 葡萄牙航海家巴多罗缪·狄亚士航行到达非洲极南端之地角——好望角。

石刻线画繁荣

明代手工业比以前有了较大的发展。石刻、拓印技艺也随着手工业技术的提高而向更高水平发展。此外，明代戏曲、小说等文学的发展，也带来了雕刻版画艺术空前发达，从而也促进了石刻线画艺术的横向发展，拓宽了固有题材范围，增多了体裁形式，使石刻线画艺术进入了一个新的境界。明代石刻线画繁荣主要表现在以下几个方面题材。

道释人物画刻石。道释人物题材的石刻线画发展到明代，无论是题材内容，绘制形式，都较以前精细而出新。

如以"西方极乐世界"为题材的壁画，盛行于唐代，但在明代以前未见有石刻拓本。现在陕西省发现一明天顺六年（1462）绘制的《西方极乐世界图》碑。此碑500多年来还未曾拓印，碑石洁净，线纹清晰，绘制俱精。各种人物近200种之多，个个都眉目清楚，动作栩栩如生。更有趣的是，画师还增绘一部分儿童划龙舟的生动场面，

达摩面壁图

在佛经绘画上加以民俗的内容，为石刻绘画增添了新趣。明代，石刻线画描绘三教人物也多了起来，如《钟馗图》为石刻线画中最初出现"钟馗"题材之作品。《圣迹图》和《孟氏祖庭图》原石分别见存于山东曲阜孔庙和邹县孟庙中，两图都是连环画，是我国早期长篇传记形式的石刻连环画之创始。

以线描技艺体现中国人物画的优良传统，要推周万书画的《玄天上帝图》最有代表性，图写玄武真人背风面南而立，神态潇潇，气宇轩昂，衣纹钩画，更见笔力功夫。

墓室里的传奇戏曲。明代石棺多出土于河南北部，而原阳县夹滩旧村出土的石棺最具独特风貌。棺前档刻一"灵堂"，堂前有孝女捧祭品，孝子跪祭之线画。石棺上的石刻线画，已由飞天升仙或西方接引而逐渐与世俗生活相接近。绘刻的人物和环境气氛渐由森然幽暗而转变为生动明快，宛如民间风俗画了。

古刹、制盐和黄河图说。描绘寺庙建筑的石刻线画，有《荐福寺堂图》。图中小雁塔15层，是未遭地震破坏前之实景，描写劳苦大众生产生活的有《河东盐池图》，全图描绘了昔日手工制盐之苦，也是研究盐业史的重要形象资料。描绘山河地貌的有《黄河图说》，图中将自古以来黄河泛滥受灾最严重的河南、山东一带山岭河川、城郭州县等，简明地绘图标出，对于研究黄河变迁、治理方法和水利，都有参考价值。

天籁阁藏画选刻上石。晚明时，嘉兴人项元汴建"元籍阁"，广聚古今名人书画。同郡人周履靖将项氏家藏绘画中之神品摹勒上石外，又旁搜博采，费时20年，凡诸家珍藏上自唐阁立本、下至元王若水之作，皆选珉石镌刻之，名曰《绘林》。可惜未见流传。

明廷对西南推行"改土归流"政策

我国的西南地区，包括四川、云南、贵州和乌斯藏（即西藏），居住着苗、瑶、彝、傣、藏等民族，是明代边疆开发与建设的重点地区之一。这个地区与东北、西北一样，自古就是中国的边障。从元代开始，在西南建立了土司制度，以当地少数民族的领袖为土官土吏，俱由中央授以爵职，服从中央政府的领导，并向中央纳贡。这可以说是民族区域自治的一种形式。明王朝建立以后，在沿袭元代旧制的基础上，对土司制度进行了充实和改革。主要有：首先，专门设立土司的官署和官职。其名目有宣慰司、宣抚司、招抚司、安抚司、长官司，以及土知府、土知州、土知县。这些土司的官员，大多是各族大小首领世袭，但必须由中央政府任命批准，并发给委任状和印信。其次，对土司的控制进一步加强。中央政府除了征收土贡之外，还加征其赋税。而土司除有守御地方之责外，还要随时听从中央政府的调遣，接受地方行政长官的节制。

这些土官因为是世袭的，他们的割据性特别强，常常因争夺财产和土地而互相仇杀火并，反抗明朝政府。明政府在平定这些战乱后，在条件成熟的地方就裁撤土司，改设可以调任的"流官"，这种办法称为"改土归流"。

永乐十一年（1413）贵州思南、思州发生相互火并，明政府派兵平息，分其地为八府四川，设贵州布政使司，同时，对土官制度予以革新，"府以下参用土官"，实行"流土合治"。进而由"流土合治"而实行"改土归流"，废除土司，权归流官，推行与内地相同的地方行政制度。这是明政府边区政治体制的一次大变革。明统治者实行"改土归流"的目的，是为了便于对边区的直接统治。但在客观上却有利于边区地方经济的发展，对当时少数民族地区社会制度的转变，起到一种催化剂的作用。在明代，"改土归流"较大规模的只有两次。

爨文刻铭。爨文是中国彝族先民使用的一种表意的单音节文字。图为贵州省大方县发现的明成化二十一年的铜钟，钟面有铸爨、汉两种文字，是现存最早的爨文文献。

爨文

但是，明朝政府在推行"改土归流"政策时，因少数民族上层分子的反抗，不断出现反复。明弘治八年（1495）"改马湖府为流官知府"，但以后迫于少数民族上层分子的捣乱，重又任用土官。嘉靖三年（1524）马湖府两次归流，但结果是"流官再设而土夷随叛，杀人夺地比昔更甚"，使得明政府只好改任土官为知府，恢复土司制度。土司制度不仅面向贵州、云南、四川，还推广于湖南、湖北以及广西等地少数民族聚居的地区。

"改土归流"政策比较彻底和大规模的推行，则是在清朝时期。

科举制度鼎盛

科举制度始创于隋朝，形成于唐朝，盛行于明朝，持续至清末，在中国存在了1300多年。它是中国封建王朝设科考试用以选拔官吏的制度。

明朝立国之初，即注意搜罗和培养人才，一面开科取士，一面又重视设立学校，太学为明初培养了相当数量的封建官吏。然而不到几十年，明宣宗

北京成贤街

以后科举及第升官机遇以绝对优势压倒太学，这是科举制度在明朝达到鼎盛的一个表现。从表面看，似乎学校与科举并重，或学校与科举融为一体，但实际应科举的人多在家读书，并不进学校，使学校有名无实。即使学校认真教育，其目标及内容都与科举有直接关系，学校实际上变成科举的预备场所，成为科举的附庸。

科举制度在明朝达到鼎盛的另一个表现是非科举不得做官。

从明中叶起，非进士不入翰林，非翰林不入内阁。

明仇英《观榜图》

南北礼部尚书、侍郎及吏部右侍郎，非翰林不任。进士一选庶吉士，就被视为未来之宰相。所以在明代，入学中举，考中进士，谋得高官厚禄，已深入士人之心，大大超过唐宋两代，一直延续到清末。

明代科举制度鼎盛的又一个表现是开始盛行以八股文取士。八股文取士产生于明宪宗成化年间（1465 ~ 1487），八股文每篇由破题、承题、起讲、入手、起股、中股、后股、束股八部分组成。八股文这一特殊文体对明、清400余年的教育与学风有极大影响。

科举制度自隋创以来，经过唐宋之发展，至明代达到鼎盛，并且定型。明洪武十七年（1384）规定每三年举行一次，考试的程序分为地方考试、省级考试和中央考试，从此至清末成为定制。

地方考试称为"院试"，考生先参加知县或知府主持的县试或府试，录取后再由中央派往各省的学台主持院试。院试录取者即称秀才，秀才可以不出公差并免纳田粮，秀才每年由学台考试一次，叫做岁考，作用是督学。大试之年的前一年，由学台主持科考，府、州、县等的生员经过科举成绩列为一等、二等和三等的前3名的准予参加省城乡试。

省级乡试逢子、午、卯、酉年举行。考试分3场，每场3日，例定八月九日为第一场，试以《论语》文一，《中庸》或《大学》文一，《孟子》文一，五言八韵诗一首。十二日为第二场，试以五经文一。十五日为第三场，试以策问5道。三场皆先一日入场，后一日出场。科举考试中的常科是定期考试，乡试录取者称举人，第1名举人称解元，举人可于第2年进京参加中央考试。

中央考试的第一步为在礼部举行的会试。逢辰、戌、丑、未年的三月举行，共试3场，每场3日，3场所试项目同样是四书文、五言八韵诗、五经文及策问，会试中者称贡士或中式进士，第1名称会元。会试后，于四月二十一日举行殿试，凡贡士均参加殿试，试后根据成绩重新排列名次，殿试只考策问，策问答卷的起收及中间的书写均有一定格式及字数限制，并且强调书法。书写的字体要求黑、大、圆、光，即字体方正、笔划光圆、墨色乌黑，当时称为院体或馆阁体。殿试只一天，贡生必须以大部分时间用于安排格式、计划字数及书写上面。殿试依成绩分为三甲，一甲三人称进士及第，二甲若干人为进士出身，三甲若干人为同进士出身。一甲第1名称状元，如果乡试、会试、殿试均考取第一名，俗称连中三元。一甲第2名榜眼，第3名探花，合称三鼎甲。殿试一甲三名立即授职，状元授翰林院修撰，榜眼、探花授翰林院编修，其余二甲、三甲进士再经朝考，综合前后成绩，择优选翰林院为庶吉士，俗称翰林。余者分发各部任主事，或分外地任县官。

武科试士内容，与文科不同，以技勇之重，初试马上箭，二场试步下箭，三场试策一道。

科举的考官据考试级别分中央和地方两级。

中央及两京的主考官主要由翰林官充任。各省考官则先由儒官、儒士内聘明经公正者充任，后景泰三年改为由布、按二司与巡抚御史推现职教官主试。景泰五年开始全部用翰林充会试的考官。

明代科举制度的鼎盛，对于选拔才识之士，维护封建统治起了重要作用。像于谦、海瑞、张居正、史可法等历史名人就是科举选拔而得到重用的。但同时科举制度也有不少弊端，明中叶八股文的盛行，更是败坏了学风。

明朝

1491A.D. 明弘治四年

八月，宪宗实录成。十二月，土鲁番还所据哈密诸地。

1492A.D. 明弘治五年

二月，封陕巴为忠顺王，主哈密国事。

1493A.D. 明弘治六年

四月，土鲁番以哈密掠其牛马，袭执忠顺王陕巴，复据其地。五月，小王子扰宁夏。

1495A.D. 明弘治八年

正月，鞑靼北部酋长亦卜剌因入居河套与小王子及火筛等联合，势又强，于是西扰甘肃，东犯宣府，是年且三入辽东。

四月，三吴水利修成，凡修浚及筑斗门堤岸一百三十五所，役夫二十余万。

1496A.D. 明弘治九年

七月，小王子犯大同、宣府。

1497A.D. 明弘治十年

三月，命官修大明会典。

五月，小王子犯潮河川、大同。

1499A.D. 明弘治十二年

正月，辽东镇将诱杀朵颜三卫人三百余人，以捷闻，事露，遣官往核。九月，普安土司内哄，因起事，女酋长米鲁自号无敌天王，发兵击之。小王子入居河套。十一月，小王子诸部扰大同。

1500A.D. 明弘治十三年

是岁，名学者陈献章死。十一月，小王子诸部扰大同。

1492A.D. 腓迪南征服格兰拉大全境。拥有西班牙半岛七百余年并使其文化获得高度发展之伊斯兰势力自此终结。热那亚水手哥伦布以伊莎白娜女王之资助，于本年八月三日携带后者致中国大汗之书信，自巴罗斯出发。同年十月十二日，发现美洲。

1496A.D. 米开朗琪罗首次入罗马。

1497A.D. 葡萄牙发斯科·德·迦玛发现非洲东南海岸之那塔尔。

丘濬著《大学衍义补》

弘治四年（1491），文渊阁大学士丘濬著成《大学衍义补》，提出了一系列富有创见的重要经济理论。

丘濬（1420～1495）字仲深，号深庵，琼州（今海南琼山）人。幼孤寒而聪慧，读书能过目不忘。举乡试第一。景泰五年（1454）进士，授编修。官至礼部尚书、文渊阁大学士，掌内阁四年。曾参与修《英宗实录》、《宪宗实录》。他遍读群书，学识极为渊博；诗文、剧作皆有造诣。但影响较大的，则是他的经济思想。这些思想，大都体现在《大学衍义补》一书中。

《大学衍义补》共 160 卷；内容涉及政治、经济、文化、教育、司法、军事等各个领域。其中的"固邦本"、"制国用"两部分，凡 23 卷，分类摘录了前人有关经济的一些记述，并提出自己独到的见解。

丘濬认为，"富民"的存在是社会发展的需要，应予保护，不能"夺富予贫"。他提出了解决土地问题的"配丁田法"，并主张商业应任由民间经营，国家不应与商贾争利。他批评桑弘羊的均输、平准和盐铁国营政策不足取；主张尽量扩大商人的活动领域，放手让民间开展海外贸易。他反对向商人课以重税，说："贫吾民也，富亦吾民也，彼之所有，孰非吾之所有哉？"这些观点，对于促进商品经济的发展具有积极的意义。

更为可贵的，是他在记述钱币与纸币的关系时，接触到了劳动价值的观点："世间之物是生于天地，然皆必资的人力，而后能成其用。其体有大小精粗，其功力有浅深，其价有多少。"（《铜楮之币》）。即：物"价"（价值）的大小，取决于"功力"（劳动量）的深浅。其认识虽然还不够完善，但丘濬比西方的经济学家早一百多年接触并谈到了劳动价值问题。这在当时无疑是一个难得的重大发现。

丘濬反对发行不兑现纸币，强调"物与币两相当值"，提出了以银为上币，钱为中币，钞为下币的币制改革方案。他认为理财要"为民而理"，反对将国家财政"专用之以奉一人"。这已带有"犯上"的意味了。

丘濬在《大学衍义补》中阐述的经济思想，是于明王朝从全盛走向衰落，而城市工商业的发展正是在逐步孕育着资本主义的背景中形成的。他是中国明代中叶经济思想的重要代表人物。

此外，《大学衍义补》中有关政法的内容，还开创了中国古代比较法律制度研究的先例。他认为刑狱的目的是"去天下之梗"，德、礼、刑、政均不可或缺，立法须以便民为本，执法则要"坚如金石，信如四时"，并主张"慎刑恤狱"。

丘濬还作有传奇《五伦全备》、《投笔记》、《举鼎记》、《罗囊记》等。有《丘文庄集》传世。

丘濬晚年，屡次上奏乞归故乡，但明孝宗极力挽留。弘治八年（1495），丘濬在北京去世，终年75岁。

改开中盐法为纳银

弘治五年（1492）十月，明孝宗采纳户部尚书叶淇的建议，改开中盐法为纳银。

洪武三年（1370），朱元璋开始实行中盐法，让商人输送米粮到边陲军事要塞或京都，然后按值给予商人相应的食盐运销权。商人持盐引（领盐凭单）到盐产地领盐，定点销售。后来商人为了免去长途运粮之苦，便在交粮地点屯种（时称商屯），收获粮食，交官府以换取食盐运销权。宪宗后，权贵专擅盐利，官商勾结，旧引重用，假引

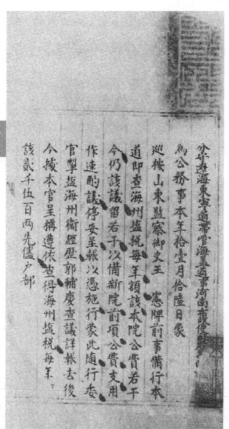

明海盖州盐税书册

冒领，盐引积压，官盐滞销，私盐盛行，盐价因而飞涨，开中盐法原意尽失。户部尚书叶淇为扭转边饷匮乏的局面，提议让商人到运司纳银，代替赴边纳粮，每引由盐商交官府银三四钱不等，然后由运司将银两解送太仓，分给各边。此项建议实行之后，一时太仓银累至百余万。叶淇更改开中盐法，是解救时弊的良策，但商屯撤销，军屯废弛，收成不能入公仓，因而粮价日涨，边储日虚。

《明会要》。专门记述各项制度的史实汇编称"会要"。这是要体史书最主要的著作之一。

刘大夏治黄河

弘治六年（1493）正月，刘大夏被孝宗提升为右副都御史，开始受命治理黄河。

弘治五年（1492）七月，黄河在张秋（今山东省阳谷东）决口，泛滥成灾，迫使漕运断绝。孝宗命工部侍郎陈政负责治理，征集15万民夫疏浚黄河故道，堵塞决口，但陈政不久去世，工程未能完成。吏部尚书王恕向孝宗推荐浙江布政使刘大夏，获得批准，刘于次年正月走马上任，全面担负起治理之责。弘治七年五月，孝宗又遣宦官李兴、平江伯陈锐协助刘大夏共治张秋决口。当时黄河水势汹汹，决口处宽约90丈。刘大夏实地勘察，提出先治上流，分别开新河浚旧河将水导入黄河道及淮河，而

刘大夏像

于决口处筑水坝，且合且决，随决随塞，昼夜不息至是年十二月二日成。再疏浚仪封黄陵冈之南之贾鲁旧河40余里，由曹出徐，以减缓水势。同时疏浚孙家渡口，另凿70余里新河，由中牟、颍川东入淮河，然后一步步堵塞决口，把装满土石的大船沉于水流湍急处，昼夜不停地填塞，到该年十二月完成。孝宗派人慰劳，并改张秋为"安平镇"。刘大夏又上书说，安平镇决口已得到解决，黄河下游得到治理，运河也已通畅，但必须修筑黄陵冈河口之堤，使黄河上流南下徐淮，才可保运河久安。弘治八年正月，又筑塞黄陵冈等七处河口，黄河复归兰阳（今河南兰考）、考城（今河南民权北），经归德（今河南商丘）、徐州入运河，汇注淮河入海。又在黄河沿岸从胙城（今河南延津北）至小宋集（今山东曹县西），筑堤160多里，大小二堤互翼，黄河全部入海，北流方始断绝，溃决之患长时间内未再发生。

定国子监生历事期

弘治八年（1495）三月，因为在监生员日益减少，至吏部听选的生员日益增多，弊端丛生，明政府遂规定国子监生历事（分习吏事）期。

明初洪武年间，国子监设六堂课，在监生员推行积分法，以八分为率，不及格的不予拨用。后来规定监生见习吏事，称"历事"，又称"拨历"。生员以入国子监的时间长短为先后依次送吏部选用。由于进士逐渐受到重

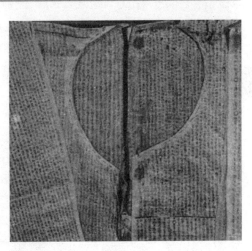

科举考试夹带衣，上书四书。

视，监生地位日见式微，在监诸生滞留渐多，拨历年限长达10余年。景泰以后，不断减少拨历时限，每年拣选，又出现监生在监不到1年即被调拨任官的局面。于是在监生员日益减少，到吏部听选的多达万余人，却得不到官职。弘

治八年三月，礼部尚书倪岳提出：监生历事，依照定例，必须在监期满限之后，才许分拨。明孝宗采纳此议。自此以后，监生在监时间较久，也避免了选人拥滞的状况。

太监李广获罪自杀

弘治十一年（1498）十月，宦官李广因事触怒太皇太后，心中恐惧，自杀而死。

李广因为斋醮、烧炼受到孝宗宠幸。他于成化年间假传圣旨，授人官职，各路官员因而争相贿赂。他又擅夺畿内民田，把持盐利以万计，并且营造私宅，取玉泉山水环绕之。弘治十年（1498）三月，户部主事胡爟、祠祭司郎中王云凤等接连上书弹劾李广，但孝宗对李广仍宠幸不疑。李广劝孝宗在万岁山修建毓秀亭，说是可以消弭灾异，但亭刚建成，幼公主即病死。弘治十一年十月十二日，乾清宫、坤宁宫又发生火灾。太皇太后怒说："今日李广，明日李广，果然祸及矣。"李广听说后，因畏罪而饮鸩自杀。孝宗准备赐李广以祭葬和祠额。大学士刘健等上书言道，李广之死，实属恶贯满盈，万口称快，应该正其罪以警戒奸邪之臣。孝宗不

明弘治黄釉罐

明弘治白地刻填酱釉花果盘

得不取消了赐祠额的打算，但仍给予祭葬。孝宗想李广也许藏有奇书，可助他修炼长生之用。于是他派人到李广家中搜求，结果发现了一个记事本，上面记录了文武官员馈赠给李广的"黄米"、"白米"各千百石的数字。孝宗不懂，说，李广到底能吃多少呢，却收受大米这么多？左右告诉他黄白米是隐语，是黄金、白银的代称。孝宗明白后大怒，命令追查行贿的官员。但因牵涉范围太广，查起来阻力很大，结果还是不了了之。

发令禁止豪强侵夺民利

　　弘治九年（1496）九月六日，明孝宗重申前朝禁令，不许豪强侵夺民利。

　　是月，外戚长宁伯周彧、寿宁侯张鹤龄两家，因私利而酿成矛盾，最后聚众械斗，震动了整个京城。吏部尚书屠庸同九卿上书说：宪宗皇帝曾经颁布诏书命令勋臣、贵戚不得凭藉其特权和地位广置仆役，开设店肆，占据关津陂泽，与平民争夺利益。而现在勋戚诸臣不能恪守先诏，放纵家人开设店铺，强买强卖，此种现象京师内外，层出不穷。永乐年间曾规定，王公仆从不得超过20人，一品大臣不得超过12人。到弘治时，勋戚仆从竟增至一百余人。这些仆从多是市井无赖之徒，他们往往仗势谋取私利，以致民怨沸腾。孝宗朱祐樘重申前朝禁令，授权都察院贴出禁戒告示：勋戚之中有开设店肆的一律停止；有扰害商贾、侵夺民利的，由巡城、巡按御史及有关部门执法论罪；仍旧依循永乐旧例，裁减勋戚仆役，核定登记，不准滥权。周、张纷争事件，依法处治。

科举会试发生漏题疑案·程敏政下狱

　　弘治十二年（1499）二月，考官程敏政漏题案发，受到惩处。

　　程敏政（1445～1499），字克勤，直隶休宁（今属安徽）人，南京兵部尚书程信之子。少年有才，21岁中进士，授编修，以学问广博著称。弘治初擢少詹事兼侍讲学，直经筵。因自傲而得罪了人，弘治元年被劾而罢官。五年后复官，改太常卿兼侍读学士，掌院事。再进礼部侍郎。弘治十二年二月，孝宗任命太子少保礼部尚书兼文渊阁大学士李东阳、礼部右侍郎兼翰林学士程敏政为会试考试官。程敏政出题典源于刘敬修《退斋记》。此题很偏，很少人知晓其出处。举人徐经、唐寅事先作文正与试题相合，引起言官的怀疑。户科给事中华昶弹劾程敏政将试题出卖。孝宗命程敏政不得参加阅卷，凡答卷中知道出处的均被黜落，徐、唐自然亦在其中。三月，工科都给事中林廷玉再次弹劾，程敏政辩解说试题可能是家僮窃卖。于是程敏政、林廷玉俱被捕入狱，徐经、唐寅皆贬黜为吏。后勒令程敏政致仕，华昶、林廷玉被调谪。程敏政于是年六月初四去世，终年 55 岁。

《寓圃杂记》刊行

弘治十三年（1500）二月前，《寓圃杂记》刊行。

《寓圃杂记》十卷，为王锜所撰。王锜生于 1433 年，卒于 1499 年，字元禹，长洲（今江苏吴县）人。此书内容正如其书名，以"杂"见长，所记内容极其广泛，有对忠义之臣高尚品节的称颂，也有对廉洁官吏的赞扬，同时还有对利用职权、收受贿赂的官员的揭露，对横行于世、肆意凌虐普通民众的乡绅小吏也直言抨击。其更重要的价值在于，它记述了苏州一带的事实，这方面相当详备，是研究明史、特别是研究苏州一带地方史的重要文献。

山西太原晋祠生生舍利塔

明代十二生肖药瓶。用于盛装丹、散等中成药。

《本草集要》编成

　　明弘治九年（1496），王纶编撰成《本草集要》。该书是明代中期很有影响的一部实用本草。

　　《本草集要》共 10 卷，分 3 部。上部为总论，中、下两部为各论。在中

玄明粉炮制工艺图

胡粉炮制工艺图

017

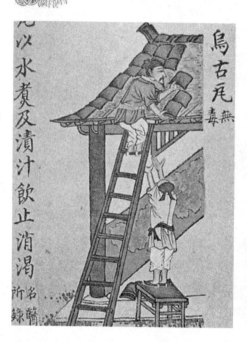

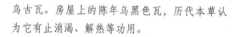

乌古瓦。房屋上的陈年乌黑色瓦，历代本草认为它有止消渴、解热等功用。

梁上尘。房梁上的尘土，古代本草认为有治腹痛、噎、中恶、鼻衄、小儿软疮等功用。此图足以反映中国古代医药学家探求药物的思路之奇。

部王纶按草、木、菜、果、谷、石、兽、禽、虫鱼、人分部，在下部又按气、寒、血、热、痰、湿、风、燥、疮、毒、妇人、小儿分门，这种双分类法，方便检索。书中所载各种药不分三品，"以类相从"，附方以病类方。这些都是其独到之处。

明代的医药学发展是空前的，其中显著的标志之一是医药著作的大量编撰。王纶的《本草集要》和《本草品汇精要》、陈嘉谟的《本草蒙荃》是这一时期比较重要的三部综合性本草著作，曾给李时珍有益的启发和参考。《本草集要》中的一些独特的见解，为《本草纲目》编写时所借鉴，对后世医家有一定的影响。

《本草品汇精要》之《制酒工艺图》

更定刑部条例

弘治十三年（1500）二月，明孝宗听从给事中杨廉的建议，更定刑部条例。

明朝立法创制都在朱元璋时代。洪武、永乐年间定下制度，司法部门断案，必须依律拟议，不许妄引条例。英宗、宪宗之后，不法之吏往往舍律用例，以便乘机收受贿赂，贪赃枉法。因此条例日益繁琐。到孝宗时，才有删繁就简的举措。弘治八年（1495），应鸿胪寺少卿李镃的请求，孝宗命令刑部尚书彭韶删定问刑条例。弘治十三年（1500），给事中杨廉再次上书说：高皇帝朱元璋曾命令刘基、陶安等详定律令，并且立法贵简，如果条例繁多，可轻可重，就容易滋生奸弊。100多年来，律行已久，条例日益增多，现在应该让有关部门修订，删除其中繁琐的部分。孝宗采纳此项建议。刑部尚书白昂会同九卿商定，选择便于操作执行的条例计290余条，与律同时施行。当时孝宗所任刑官如何乔新、彭韶、白昂、闵桂等执掌法律，断案都比较公正清明，至于廷杖、田狱等惨酷的事情，整个弘治时代都没有发生过。而东厂、西厂、锦衣卫也没有敢横行不法的，其负责人罗祥、杨鹏也只是奉职行事而已。

眼科著作《银海精微》流传

《银海精微》是我国古代一部比较全面的眼科著作。作者不详，据推测此书大约完成于元代至明代中期。因道家称目为"银海"，故名《银海精微》。今有多种刻印本和英文译本。宋代以前的医书中，眼科知识大多在医学类或全书中以篇章的形式加以介绍，中医眼科著作寥寥无几。现存的眼科著作仅有宋代的《秘传眼科龙木论》和元代倪维德的《原机启微》等，其中以《银海精微》的内容最为全面系统。

《银海精微》共2卷，介绍了内外多种眼病的治疗方法。该书首先论述五轮八廓，并附有示意图，依次列出了83种内外眼病的症状、病因病理及治疗措施。将审视瞳人、风轮、白仁、胞睑二眦作为眼科望诊的四要素，主张采用药物和手术进行综合诊治以及内服、外治药配合使用。同时，书末附上了134种眼科常用药物的性味、产地、功治简介等，极具临床使用价值。书中还提出了"瞳神开大者，以酸收之；焦小者，以辛散之"的用药原则等及治疗白内障的"金针拨障术"。该书条理清晰，叙述简炼，且图文并茂，方便实用，是明清以来重要的眼科专著。《四库全书总目提要》评价说："其辨析诸证，颇为明晰。其法补泻兼施，寒温互用，亦无偏主一格之弊。"

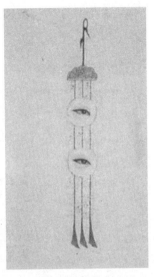

世代相沿的眼药幌子

1481 ~ 1490A.D.

明朝

1501A.D. 明弘治十四年

四月，小王子等部起兵大举犯边，延绥、宁夏皆遭蹂躏。闰七月，小王子扰宁夏大杀掠。

1504A.D. 明弘治十七年

二月，申议谶纬妖书之禁。土鲁番酋长阿黑麻死，诸子争位互斗。五月，罢南京、苏州、杭州织造中官。

1505A.D. 明弘治十八年

五月，孝宗死，太子厚照嗣，是为武宗毅皇帝。小王子犯宣府，八月，转掠大同。宦官刘瑾等始用事。

1506A.D. 明武宗毅皇帝朱厚照正德元年

正月，以杨一清总制西、延绥、宁夏、甘肃等处边务，杨一清请修筑边墙，从之。十月，大学士刘健等以刘瑾恣横枉法，请诛之，不从，反擢刘瑾掌司礼监，于是刘健等致仕去，刘瑾乃肆与朝官为难，杖贬日多。

1507A.D. 明正德二年

三月，刘瑾以忤己者刘健等五十三人为奸党，榜之朝堂。七月，修历代通鉴纂要成。八月，作豹房，成后，武宗逐常处其中，恣为淫乐。

1509A.D. 明德四年

九月，以自春季以来，两广、江西、湖南、四川、陕西等省民变纷起，诸处领袖多有称王者，科道宫联衔奏明，请设法遏止。

闰九月，小王子扰延绥。是岁，名画家沈周死。

1510A.D. 明正德五年

二月，以宦官张永总神机营。

四月，安化王朱寘鐇以讨刘瑾为名，据宁夏举兵反，起杨一清统兵讨之，杨一清未至而朱寘鐇败。武宗自称大庆法王西天觉道圆明自在大定慧佛。

八月，张永密奏刘瑾大逆诸事，遂系刘瑾于狱，旋凌迟处死，籍刘瑾家得金银累数百万两，自刘瑾败，其党诛贬殆尽。

1501A.D.

西班牙亚美利哥·未斯浦契第二次赴南美，翌年东返，印行其经历，称之为"新大陆"。

1505A.D.

意大利名画家拉斐尔（1483 ~ 1520）活跃于此时。

1508A.D. 米开朗琪罗在教堂作画。

修建大同外边境

弗治十四年（1501）五月，巡抚大同右佥都御史刘宇建上书请求修建大同外边墙，得到孝宗同意，作为抵御北方少数民族入侵的大同外边墙得到修建，半年后完工。

大同，明朝时居于边境之地，其边墙因为北方少数民族频频入侵，年久而失修，不能有效地发挥防务作用。北虏入侵时，常常从城墙缺口处出入。

慕田峪长城秋色

弗治十四年，巡抚大同右佥都御史刘宇建上书，建议趁今年北虏不侵，边境安宁，且离冰冻之日尚远的有利时机，集中人力物力修缮边墙，半年之内完成。刘宇建提出，在原来服役的40000官军的基础上，再从空闲文官及全国老百姓中增拨10000人，协助修缮工作。

明孝宗准其上奏，命令兵部安排实行。又命令镇官及巡官核督工程的进行，要求按期完成不能怠慢疏忽，拖延期限。

范吉献《神机制胜书》

弗治十六年（1503）八月，带闲任知府范吉上书讨论军事，并进献《神机制胜书》和制造的先锋车、霹雳车。

《神机制胜书》主要谈论阵法与战法及战争之四大要事。他制的阵法是：如果用军队10000人，那么除辎重外，用先锋车、霹雳车各500辆。其中，中军100辆，四奇军各100辆。用马4000匹，其中，中军800匹，四奇军各800匹。两种战车排在阵外，铁骑藏在阵内，四头八尾，与敌军接触处随即化为队首。在旷野之处，此军宜布圆阵；而在近城之处则宜布雁门阵。

书中所谈战法是强调以逸待劳，不主张远攻。在大的战事中，就先用霹雳车、火铳将敌军击破；小的战事，则先用先锋车发射弓箭攻击，然后派出铁骑兵突击。突击稍得利，就派出先锋车、长刀、弹手短兵相接，其后又派霹雳车、大刀、长枪进一步加强优势。这个战法要求，进攻则50步一停，追击则30步一停，首尾相应，前后联络。书中还强调战事四大要略为选将、利兵、择马和利器。

取消织造宦官

弘治十七年（1504）五月，兵部尚书刘大夏上书要求全部罢免督理织造的宦官，明孝宗采纳这一意见。

按照定制，苏杭等府都设有织染局，

明腰机图

明代机房图

织造彩缎，年有限额。英宗天顺四年（1406）遣宦官往苏、松、杭、嘉、湖5府，在通常限额的基础上，又增加彩缎7000匹，这就是织造宦官。自此以后，屡年增加。孝宗继位后，乃逐步革除此一弊病。弘治四年（1419）春罢陕西织造宦官；五年二月，又减陕西织造绒 1/2。同年八月，停南京、苏州、浙江额外织造，且召还督造宦官。本月全部罢免督理织造宦官。从此，织造事务由镇官、巡官兼理，减少了宦官的中间盘剥。

严申禁止谶纬妖书

弘治十七年（1504）二月二十七日，吏部尚书马文升上书奏请禁止谶纬妖书，得孝宗应允。

马文升奏书中说，每年的秋后会审重刑囚犯时，总发现其中收藏妖书惑众的重刑人犯。这些人多是些愚昧之人，杀了他们并不可惜，但我们应防患于未然，警惕百姓受其毒害。请求敕令都察院出榜文告谕全国百姓，有收藏谶纬妖书的人，准许他半个月内向官府自首，并当即烧毁妖书，不能有任何保留。官府里有将妖书私自抄录的，他的罪与藏书者均等。此法实行后，如果仍然有人以妖术、妖言迷惑百姓，官府要立即将其逮捕。

马文升的奏请得到明孝宗的同意，当月就加以施行。

重新设置起居注

弘治十七年（1504），太仆少卿储巏上书建议重新设置起居注，被孝宗获准。

明朝在洪武年间开始设置起居注，其任务是记录君臣的言论行动，有史料的价值，但后来被废弃。

弘治十七年九月，太仆少卿储巏向皇帝上书，建议重设起居注。他在奏折中说，如今皇上召见群臣，大多是在帷幄亲密状态之中，近臣宦官听不到，史官又无法加以记录。这样经历年代一长，各种事件便无从查考，说法便会纷呈繁杂，后人也就无法弄清事实的真相。因此就有必要设立一机构，记录君臣之言行，付于史馆，留下备后人查考的资料。

明孝宗以储巏之言合情合理，同意重新设置起居注。

明山汾阳圣母庙《圣母起居图》（部分）

李梦阳因指斥外戚入狱

弘治十八年（1505）三月，户部主事李梦阳因上书指斥外戚被下狱，后得大学士谢迁力保，逾月得以开释。

弘治末年，明孝宗宠纵外戚。皇后之弟寿宁侯张鹤龄、建昌侯张延龄骄纵犯法，无人敢言。弘治十八年，户部主事李梦阳上书指斥外戚为乱之害。

李梦阳声称国有二病：一是元气之病，即士气日衰；二是腹心之病，即内官日横。又有三害：一是兵害，二是民害，三是庄场饥民之害。二病三害又带来六渐：一是匮乏之渐，二是盗之渐，三是坏名器之渐，四是驰法令之渐，五为方术蛊惑之渐，六是贵戚骄侈之渐，风气日坏。最后李梦阳专斥外戚张鹤龄招纳无赖，鱼肉百姓，势如翼虎。

明孝宗因此将李梦阳逮捕，下锦衣卫之狱。后经谢迁力言李梦阳"赤心为国"，一个月以后终被开释，扣俸银三月。

正德帝即位荒淫无度

弘治十八年（1505）五月，明孝宗朱祐樘驾崩，其长子朱厚照即位，以次年为正德元年，大赦天下，是为武宗。

朱厚照即位之初，就重用东宫宦官刘瑾、马永成、谷大用、魏彬、张永、邱聚、高凤、罗祥等8人，时称"八虎"。这8名宦官每日引诱武宗耽于声色犬马之间，使其完全疏懒于政事。所有政令法度全由八虎操纵，明王朝统治日趋腐朽。

正德元年（1506）二月，礼部都给事周玺等上奏谏阻武宗观游，请求勤于王政。武宗虽然认为所谏之事有理，但始终不能改悔，仍然每日饲鹰、饲犬、挥霍

狗房勇士铜牌

浮靡。四月，五府六部等衙门以英国公张懋为首联合上疏，要明武宗不要过多微服出行，纵情逸乐。武宗感于奏疏言辞恳切，加以采纳，但荒淫之性仍然不改。

正德二年（1507）八月，明武宗在刘瑾等宦官引导蛊惑下，开始修建豹房。武宗即位初，曾命令宦官仿照京师店铺在宫中设店，他穿上卖货人的衣服出售货物，遇到争议就叫宦官充当市正调解。在酒店中又有所谓当垆妇，供武宗淫乐。这次修建豹房也是武宗为其享乐而建，位于西华门侧。每天武宗居于其中，命教坊乐工陪侍左右，纵情享乐。从此，武宗连宫殿也不去了，

那些教坊乐工因为皇帝见幸，也都不可一世。

　　武宗沉于酒色，政务日益懈怠，每次都日高数丈时方才视朝，令侍卫执役等都不能久立，纵横坐卧，弃杖满地，而外国使节和来朝见的官吏也疲于久等。正德元年（1506）八月，大学士刘健奏请皇帝勤于政务，其言辞十分感人，然而武宗表面答应，说自己也忧国忧民，但终究不能改。

　　武宗的怠政及大肆挥霍，使得国库空虚。而武宗借大婚之事，仍挥霍无度。

　　正德元年（1506）十月，朝廷众臣联合弹劾以刘瑾为首的"八虎"，请求诛杀八虎，清理朝政。最终事未成功，相反司礼中官王岳、大学士谢迁、刘健等反遭刘瑾陷害，刘瑾的权势经过这次变故变得更加强大，朝廷内外大权尽归于他。

刘瑾当权批奏章

　　弘治十八年（1505）五月，孝宗朱祐樘死，武宗朱厚照即位。武宗宠信宦官刘瑾及马永成、谷大用、魏彬、张永、邱聚、高凤、罗祥等8人。此八人恃宠骄横，人称"八党"，又称"八虎"。"八虎"中刘瑾尤为奸狡凶狠，他日夜诱导武宗游乐嬉戏，荒废政务，大权渐渐旁落刘瑾之手。

　　刘瑾，陕西兴平人，本姓谈，景泰中自宫投于刘太监名下，改姓刘。成化年间开始调往东宫侍奉朱厚照。朱厚照即位后，刘瑾因日进鹰犬、歌舞、摔跤等游戏令武宗日

朱厚照像

夜嬉戏，得到武宗宠信。弘治十八年（1505）八月，刘瑾更把同党8人安排到朝内各要害部门，此时，皇帝沉湎于享乐，政事荒怠，"八虎"骄纵枉法，

今紫禁城太和门。刘瑾曾矫诏罚百官顶烈日长跪于此。

日甚一日，引起朝野共愤。

  武宗正德元年（1506）八月，南京御史陆昆偕用官上疏力谏，指斥"八党"窃权，朝政日非，武宗不理。十月，大学士刘健、谢迁、李东阳，户部尚书韩文等以"八虎"枉法，导武宗沉湎玩乐，又使武宗令镇守内臣各进贡万金，皇庄渐增至300余所，造成社稷不安，奏请诛杀刘瑾。武宗见疏后，惊泣不食，急召司礼中官李荣、王岳商议，想将刘瑾调往南京。谢迁、刘健声色俱厉加以反对，刘健更约韩文等九卿跪请武宗诛杀刘瑾，王岳性素刚直，也从中促请，武宗终于答应诛杀刘瑾。太监焦芳即时通报了刘瑾，当夜，刘瑾也率马永成等人跪泣武宗面前，并诬陷王岳想勾结群臣牵制皇上，才陷害于他们。武宗偏听，大怒，下令逮捕王岳，又命刘瑾掌管司礼监，马永成、谷大用掌管东、西厂，各分据要地。翌日上朝，群臣得知事情有变，刘健、谢迁、李东阳请去，刘瑾矫旨让刘健、谢迁致仕，因李东阳言辞少缓而得留。王岳充军南京，被追杀于途中。十一月，韩文、李梦阳也被迫致仕。此后，刘瑾更为猖獗，大肆刁难朝官。正德二年（1507）三月，刘瑾将大学士刘健、谢迁，尚书韩文等53人打成"奸党"，矫诏榜示朝堂，又召群臣跪金水桥南以宣戒。后来更开了脱衣廷杖朝官的先例。

  武宗沉于享乐，连批复奏章都交给刘瑾处置，刘瑾更是权倾朝野。因为刘瑾不识字，奏章总是拿回家与妹婿礼部司务孙聪、松江市侩张文冕一起裁断。行文又十分粗鄙，得由焦芳加以润色。从正德二年（1507）年四月始，凡内进的奏章都分成了两种：一是有红揭供刘瑾批阅的，叫"红本"；刘瑾阁后

029

THE CHINESE CIVILIZATION

报上通政司转皇帝的，叫"白本"。

刘瑾把持朝政后，正直清官难以立足。正德三年0508）正月，朝退后发现有匿名书遗落，揭露刘瑾的罪恶。刘瑾因此矫旨召百官跪于奉天门下，由正午至日暮，暴晒于烈日下，之后又逮捕300余人下锦衣卫狱。刘瑾生性凶暴，官吏及百姓因得罪他们而死的无数。不仅如此，许多地方官吏上京朝见，惧怕得罪刘瑾，纷纷聚敛金银贿赂他，多的达2万两，有些京官手头拮据，向京师富商借债，待回任后加倍偿还，成为名传一时的"京债"。正德四年八月，刘瑾还创立罚米法，两次罚已罢官的韩文家出米1000石，迫至其"家业荡存"，后又加之忤逆他的官吏。仅九月，被罚米500石至2000石的官吏达140多人。以后，罚米更成为刘瑾对付异己的手段。正直官吏被害，奸佞则大得其势。正德四年（1509）六月，善于巴结刘瑾的吏部尚书刘宇兼任文渊阁大学士，善行贿赂又好色的吏部侍郎张綵任吏部尚书，焦芳则为左都御史。

刘瑾当权，恣行凶暴，好收贿赂，朝纲因此大乱，加之强征暴敛，民不聊生，朝野上下，官怒民怨。

刘瑾设立内行厂

正德三年（1508）八月，刘瑾设立内行厂，内行厂又名内办事厂，是继东厂、西厂之后又一特务组织。

明朝特务盛行。明成祖时设立的东、西厂，到明武宗时，西厂由"八虎"之一的谷大用统领，加强了特务统治。当时在一些偏僻地区，一见到有穿华丽衣服，骑高头大马，说京城话的人都十分惊恐，甚至要派地方官贿赂他们才能免祸。

然而刘瑾仍不满意，正德三年（1508）八月，刘瑾又传旨增设内行厂，由惜薪司外新厂改成，厂址在荣府旧仓处，由刘瑾亲自统领。内行厂在刘瑾统领下，比东、西厂实行更加严酷的统治。百姓稍有冒犯，就可能被置于死地。此厂又奉行连坐，一家有犯法之事，邻里都有连坐罪。即使居住在河岸边，单家独户没有邻里，则规定河岸以外的人连坐。恣情枉法，草菅人命之事在这种暴虐统治下屡有发生。

同时，刘瑾又假传旨意，将京城之中的酒保、磨工、卖水的人全部驱逐出京，不许停留淹滞。又强制命令所有寡妇必须改嫁。致使京城之中人人自危，无安宁之日。

刘瑾伏诛

正德五年（1510）八月，刘瑾因谋反之罪被磔于街市。同族同党也都或诛或贬，朝署为之一清。

刘瑾为人狡猾残暴，掌权后，残暴专横之性更加明显，连与他狼狈为奸的"八虎"的其他七人都对他不满，心怀怨恨。

正德五年（1510）七月，太监张永被派往宁夏提督军务，以平息安化王朱寘鐇以讨伐刘瑾为名的叛乱。总制军务杨一清和张永相交甚密，而又知道张永与刘瑾一向不和。一日，杨一清趁机向张永提出诛杀刘瑾的计划，并极力鼓动张永。同年八月，张永平定叛乱返回京城，明武宗赐酒酬劳张永。张永待刘瑾及其鹰犬走后，于席间向武宗密奏刘瑾谋反，历数刘瑾所为不法之事17件。武宗偏袒刘瑾，仍犹豫不决，不肯逮捕刘瑾，后经张永极力苦谏，方贬刘瑾为奉御，闲居于凤阳。但几天后，朝廷查抄刘瑾家，得黄金、白银、元宝无数，又查出禁用物品衮服4件，蟒服4件，铠甲1000余件，弓弩500件。明武宗勃然大怒，才相信刘瑾果然有谋反之心，下令将刘瑾入狱并加以审讯。

刘瑾入狱后，仗着朝廷之中耳目众多，许多廷臣皆由他所提拔，仍然不可一世。刑部尚书也不敢审刘瑾，唯有附马蔡震不畏其淫威，查其作恶之事，当即将刘瑾磔于市，并诛贬刘瑾族人及余党。刘瑾党羽曹元先致仕，后削籍，被黜为民。八月，科道官弹劾刘瑾奸党，或论死，或谪外，或闲住，或除名，刘瑾朋党悉数被除。一时朝野正气抬头，民心称快。被刘瑾变乱的各种制度也陆续恢复先前旧制。

杨虎、刘六起义

明中后期，土地兼并严重，特别是霸州一带，皇庄集中，农民更加贫困，农民纷纷起来反抗。

正德四年（1509），交河人杨虎在霸州文安等地领导起义。正德五年（1510）十月，霸州文安人刘六（名宠）、刘七（名宸）与囚犯齐彦名共举义旗，也揭杆而反。穷苦百姓纷纷响应，旬日之间就有数千人加入，起义军力量开始壮大。正德六年（1511）六月，刘六起义军与杨虎起义队伍会合，攻占北直隶、山东20多个州县，人数增至数万。此后，刘六、杨虎各率一路义军，时分时合，互相声援。正德六年九月，杨虎一路破兴济、沧州，进军济南、东昌、兖州、莱州。杨虎在行进途中遭明军包围，英勇牺牲。其部由刘惠、赵镫率领，继续战斗。刘惠被推为奉天征讨大元帅，赵镫为副元帅，并整顿军队，分军为28营，统众13万。不久，义军攻破河南裕州。

明弘治十四年（1501）的驿符

明朝廷惊慌失措，急忙分派仇钺围剿刘惠、赵鐩一军。张纬、马中锡围剿刘六、刘七一军。正德七年（1512）五月，刘惠、赵鐩在湖广应山县与明军大战，失利，赵鐩被捕，被杀于北京。刘惠在南召土地岭战斗中阵亡，此一军覆灭。

刘六、刘七一军进入山东后，连破日照、海丰等10城。七年四月，遭官军10万围剿，义军突围而出，因势单力孤，退入湖广。五月，刘六在黄州团风镇战斗中牺牲。刘七与齐彦名率部自黄州下九江、湖口，转战安庆、芜湖、镇江。最后以狼山为据点，不时出击。官军进攻狼山，起义军死伤惨重，刘七中箭投水自杀，齐彦名战死。持续3年的杨虎、刘六起义终告失败。

安化王谋反失败

正德五年（1510）四月五日，安化王朱寘鐇以诛刘瑾为名，占据宁夏谋反，18日后谋反失败，被诛杀。

安化王朱寘鐇是庆王朱㮵曾孙，性情狂暴，存有非分之想。正德四年（1509）末，少卿周东奉命清理屯田，在安化增加租税，贿赂刘瑾，戍边军士都心怀怨恨。巡抚安惟学又多次杖责军士之妻，使军心更加浮动。安化王与指挥周昂、千户何锦、丁广、卫学生刘景文早已图谋作反，此时更趁机策动众将领谋反。正德五年四月，朱寘鐇派遣军士杀安惟学、周东，焚毁官府，开始谋反。朱寘鐇以何锦为讨贼大将军，周昂为左副将军，丁广为右副将军，并用讨伐刘瑾为名传檄诸镇策应。同年五月，朝廷以杨一清

明"仿奇窑高足杯"

为总制总务，太监张永为监军，讨伐朱寘鐇。杨一清尚未到陕西，朱寘鐇被仇钺抓获，叛乱失败。

同年八月，朱寘鐇及亲属 18 人，以及叛乱者数百人被解往京城。献俘仪式在东安门举行，武宗戎服参加，金鼓之声响彻大内。正德六年（1911）二月，安化王被杀，其子孙 5 人囚于西厂。

弋阳腔流行全国

弋阳腔简称"弋腔"，通称"高腔"，是宋元南戏流传到江西弋阳后，与当地方言、民间音乐结合，并吸收北曲演变而成的。它最晚在元代后期已出现。明、清时在南北各地繁衍发展，成为民间主要声腔之一。

明初至明中叶，弋阳腔已流行于安徽、浙江、江苏、湖南、湖北、福建、广东、云南、贵州以及南京、北京等地，并已发生衍变。嘉靖年间，弋阳腔在赣东北的乐平变为"乐平腔"，在徽州变为"徽州调"，在池州青阳变为"青阳腔"（又名"池州调"）。万历时，又衍变出"四平腔"。另外还有"义乌腔"、"太平腔"，都出自于弋阳腔。这些剧种在赣东北、皖南、浙西南兴起，在南方形成了民间戏曲兴旺发达的局面。而诸腔调中流传最广、影响最大的则是青阳腔，四川、湖北、河南、山西的"清戏"，山东的柳子戏，都由其衍变而来。在北方，弋阳腔与北京语音结合衍变出"京腔"。到清乾隆年间，曾出现"六大名班，九门轮转"的盛况，"昆弋大戏"被宫廷采用。由弋阳腔衍变出来的弋阳诸腔，虽各有发展变化，但基本上保留了弋阳腔固有的特征，因而它们构成了一种声腔系统：高腔腔系。

弋阳腔可以流行全国，除与明初军队的驻防调动。移民的迁徙、明中叶后商业贸易的发展关系密切外，更重要是弋阳腔本身的内容切合群众需求，艺术形式也易被群众掌握。首先，弋阳腔继承和发展了南戏演唱时那种"随心令"、"顺口可歌"的民间艺术创作传统。它也演唱联套曲牌，但不受固定曲谱的规范和约束，艺人演唱时可以吸收土腔土调以适应观众的需要。另外，弋阳腔可"错用乡语"，即可用方言土语，不必用"官话"，使它可以与当地乡音乡语结合，成为地方化声腔。其次，弋阳腔对昆曲等传奇剧本采取"改调歌之"移植上演的做法，并用"滚"的手法插入通俗的韵文、散文，使大众更易接受。因此三点，弋阳腔在全国流行并与各地的乡语乡音、民间艺术结合而发生变化，成为当地的高腔。

弋阳腔的唱腔结构最初来自南戏的曲牌联套制，角色行当也继袭南戏，分生，旦、净、末、丑。之后几经嬗变，突破了曲牌联套的格式，发展了"滚调"、"徒歌"和"帮腔'，逐步形成了弋阳腔的固有特征。弋阳腔徒歌、帮腔、滚调这种演唱形式，配以锣、鼓节制、帮衬，形成了"铙鼓喧阗，唱口器杂"，"其调谊"的弋阳腔及其腔系的传统风格。

明代弋阳腔及其流变的青阳、徽州、四平等诸腔的演出剧目，现存120种左右。这些剧目，一部分是继承宋元南戏的传统戏，一部分是从海盐、昆山等腔吸收过来的，散发着浓厚的乡土气息。著名的有《织锦记》、《同窗记》、《卖水记》、《破窑记》、《金印记》、《金貂记》等。

茶陵诗派主导诗坛

明代成化至正德年间，以茶陵人李东阳代表的诗歌流派主导诗坛，被称为"茶陵诗派"。

李东阳（1447 ~ 1516），字宾之，湖南茶陵人。他对明初文坛上流行的以皇家气派和宫廷风致为代表的台阁体诗文的歌功颂德、粉饰太平极为不满，为打破台阁体垄断文坛的局面，高扬起复古的旗帜，提倡以古人的文学作品为创作的楷模。他著《怀麓堂集》，诗文上承台阁体，下启前后七子，在成化、弘治年间，以台阁大臣地位，主持诗坛，推举才士，门生满朝

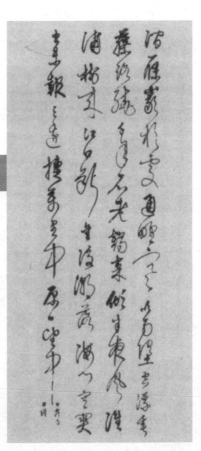

李东阳诗《甘露寺》手迹

形成以他为首的茶陵诗派，著名的还有谢铎、张泰、邵宝、何孟春等人。茶陵诗派一时成为诗坛主流，主持诗坛数十年。

茶陵诗派认为学诗应以唐为师。李东阳论诗多附和严羽，宗法杜甫，强调法度。他主张学诗惟唐可法，强调宗法杜甫，而学唐，则只学习唐诗的音节、格调、用字、结构等艺术技艺，而不是学习唐诗的精神。他的诗歌多酬应题赠与咏史抒怀之作。《拟古乐府》道学气味较为浓厚，或谴责暴君，或指斥虐政，或赞颂忠良，论说中肯，比台阁体诗要深厚雄浑得多。《寄彭民望》寄寓着真情实感，非应酬之作。

茶陵诗派虽不满台阁体，但其自身仍受其影响，未能开创诗坛新局面，可是它的主张及创作倾向却对台阁体是一个冲击，成为前、后七子复古运动的先声。

王守仁主张知行合一

明武宗正德三年（1508），心学集大成者王守仁（1472～1529）讲学于贵阳文明书院，首次提出知行合一说。

王守仁早年遵循朱学，他遍读朱子著作，特别执著探究其格物穷理之学，但朱熹思想中"心"与"理"、"知"与"行"二分的矛盾使他开始怀疑朱学，"格竹"的失败更加深了王守仁对朱子学的反感。他认识到朱熹的思想体系虽然博大精深，但始终无法解决内在的知与外在的理的转化与沟通。他认为格物致知过程中无法将外在的理转化为内在的知，而且格物致知与正心诚意之间也存在着不可调和的矛盾，纵然格得草木之理，也与自家的道德修养无关，所以朱学的缺憾就在于将心与理解析为二，把知与行分离开来。

与朱熹思想相对立，王守仁主张心与理一，知与行合。为此他重新解释《大学》，特与朱学分道而行。朱将《大学》分为经传，并补写格物致知传，王则认为原无经传可分，更无经传可补；朱重视格物致知的认识方法，将格致工夫置于诚意之前，王则以诚意为本，格致辅之；朱释致知为穷理，王则从致知引出致良知。他还把《大学》中修、齐、治、平的活动解释为格物、致知、正心、诚意的修养过程。而且王守仁所理解的格物致知不再是一种认识活动

036

明成化年间人物花卉纹戗金莲瓣形黑漆盒

而变为内心的道德修养，格物不是格心外之物，而是按良知行动，叫"正物"或"正事"。致知不是穷心外之理，而是体认自心之良知。格物致知只在心上做，心外无物，心外无理。朱学析心、理为二的弊病在王守仁的心学体系中得到克服。

朱熹讲理，王守仁讲心。心之本体是"良知"，王守仁认为良知是人心之灵明，也是天理，又是天地万物发育流行的根源，所以离开人心之良知就无法谈论天地万物。同时，良知是无善无恶、超越善恶与是非的绝对至善，唯此良知可以作为判断是非、善恶的道德标准，而人人心中自有良知，所以人人都可用自心的良知衡断善恶，自作主张，自立本心，无需外求。王守仁强调良知人人皆有，圣愚皆同，本来圆满，不需假借，他打破了上智与下愚的界限，敦促凡人发明本心，超凡入圣。这在一定程度上动摇了儒家尊崇权威的传统。

王守仁既提出良知，又讲致良知的工夫。他所说的致良知实际上是一种道德修养论，即通过"致"的工夫，使良知在人的修养和行为中得到完满体现。"致"的工夫包括静与动两个方面：静的工夫指不假外物，通过内省反观在

自心中证悟本体；动的工夫即按伦理规范而行事的道德实践。道德反省与道德践行结合，才能发明本心之良知。

王守仁既说良知即天理，所以致良知也即明天理，道德修养与认识活动合为一体，认识论的问题变成了道德论的问题。他的知行合一说即是这种思维方式的产物。知行合一是王守仁的重要思想，"知"是良知的自我体认，"行"是良知的发用流行。"知行合一"即良知的体用合一。就道德论而言，知行合一说一方面强调道德意识的自觉性，另一方面也重视道德的实践性，要求人既在内心下工夫，也在人事上磨炼，克服不善的念头，作到表里一致。王守仁特别强调意识作用的结果，他认为一念发动处即是行，要求人们在意念萌动时就按照"善"的道德规范去做，把不善的念头消灭在萌动状态。

王守仁的知行合一说主要针对朱学而发。程朱理学包括陆九渊都主张"知先行后"，将知行分作两截，认为必先了知然后才能践行。知先行后说造成重知轻行的学风。王守仁提倡知行合一正是为了救朱学之偏，他把知与行看作一个工夫的两面，知是行之始，行是知之成。他认为知行不可分离，与知脱节的行不是笃行，与行分离的知不是真知。他的知行合一说与致良知的思想密切相关，知行合一即是讲良知的体认与良知的作用不可分开，它是道德论的命题而非认识论的命题。而朱陆"知先行后"说不仅有道德修养的含义，也有认识活动的意义，知不仅是体认自心良知，也包括了解事物的道理。

王守仁的知行合一说深化了道德意识的自觉性与实践性的关系，克服了程朱理学知、行为二，知先行后的弊病，同时也抹去了朱子知行说中知识论的成分，虽有利于道德修养，但忽略了客观知识的学习，这就造成了以后的王学弟子任性废学的弊病，清初的思想家甚至把明朝灭亡的原因归于王学的流弊。

吴中三家书法成就卓然

明代中叶，台阁体书法逐渐衰弱。以绘画闻名的江南吴门地区的书法家，作为一股新生力量脱颖而出，他们或为文友，或为画友，相互切磋，书法风格与"千字一同"的"台阁体"迥然不同，表现出卓然独立的文人特色。形成占据明代中叶书坛主导地位的吴门书法，其中以号称"吴中三家"的祝允明、文征明和王宠最为著名。明人王世贞在《艺苑卮言》中说："天下法书归吾吴，而京北允明为最，文待诏征明，王贡士宠次之。"

祝允明（1460～1526），字希哲，号枝山，因手有6指，故又自号枝指生，长洲（今江苏苏州）人。曾官至应天府通判，后谢病归里。祝允明自幼生长在充满书学气氛的环境中，祖父祝颢、外祖父徐有贞和岳父李应祯都是当时著名学者，他们让他临习晋唐的法帖，而不准他学宋、元时的法帖。

祝允明博采众家之长，在26岁时所写的小行楷《自书诗文》卷、28岁时书写的行楷《唐来人四记》卷已经是上追钟繇、王羲之楷书的风范，在端庄中寓修美流丽的意趣，基本形成了后来书法的体貌。祝允明的书学异常渊博，他的楷书之法就

王宠《张华励志诗》

文征明《后赤壁赋》

039

祝允明《六体诗》（局部）

学自元常（钟繇），二王（羲之、献之）、永师（智永）、秘监（虞世南）、率更（欧阳询）、河南（褚遂良）、吴兴（赵孟𫖯）等；行草之法则来自大令（献之）、永师、河南、狂素（怀素）、颠旭（张旭）、北海（李邕）、眉山（苏轼）、豫章（黄庭坚）、襄阳（米芾），无不临写工绝。如他的前期楷书《唐宋人四记》卷，笔法遒劲浑厚，结字肥拙，是取法于钟繇；而《关公庙碑》页则是谨严清秀，保持了晋唐的书法风范；而后期所书的《千字文·常清静经》册则是采用米芾与赵孟𫖯之笔法。他的存世作品还有《自书诗卷》（故宫博物院藏）、《诗翰卷》（南京博物院藏），晚年又有《歌风台》（故宫博物院藏）等大草书传世。

文征明（1470～1559），初名壁，字征明，后以字行，更字征仲，号衡山居士。据说他因为参加乡试书法不佳而被置于三等，便临池雪耻，22岁时开始学书。据其子文嘉称，文征明开始时临写宋元法帖，稍悟其笔意，就全部舍弃不习，而专门临习晋唐法帖，小楷是自《黄庭》、《乐毅》中来，自虞世南、褚遂良以后，无人超过他；隶书则是学钟繇，独步当时。文征明善于写楷、行、草、隶多种书体，特别是他的小楷，最为人称道。据说他近90岁时还能写蝇头小楷，见到的都很惊讶。他的小楷法度谨严，字体俊秀淳和。其存世之作《前后赤壁赋》卷（故宫博物院藏）、《真赏斋铭并序》（中国历史博物馆藏）均为其晚年的楷书力作，行书《诗稿五种》（辽宁省博物馆藏）、《西苑诗》卷（故宫博物院藏）笔法苍劲清秀，结构严整，自成一体。

王宠（1494～1533），字履吉，号雅宜山人，江苏吴县人。他擅长楷、行、草书，早年曾师从于蔡羽，但他的书法却主要得力于王献之和虞世南。其书学不如祝允明和文征明广博，专门流连于晋唐风韵。他的小楷书结字疏宕萧散，似乎拙于点画安排，却又和谐巧妙，运笔遒美而圆浑，颇得晋唐书法的闲雅韵趣。他讲求运笔的变化，返笔、复笔、圆折笔、方折笔不时地加以灵活运用，这点上要比文征明略胜一筹。他的传世作品有小楷书《送陈子龄会试三诗》、草书《李白诗卷》（皆藏故宫博物院）。

王守仁龙场大悟

　　王守仁 11 岁之前在祖父王伦的培养下成长，青年时期遍读朱熹著作。王守仁早年潜心于朱学，执著探究其格物穷理之说。他遵循朱熹格物的方法并付诸"穷格竹子"的践履，格竹 7 天后，王守仁病倒。格竹的失败使他开始怀疑朱学，他感到朱学体系中存在着一些不可调和的矛盾。他不满于朱熹析心、理为二的观点以及由此引发的知行分离、哲学思辨与道德践履脱节等问题。仕途的遭遇使他对当时社会风气的沉沦与道德伦理的颓废更有切身感受，他意识到人伦纲常建设的重要性，而当时流行的朱学不仅无助于道德培养，而且会将人引向支离考索的歧路。从此王守仁由遵循朱学转向抛弃朱学，进而营造自己的心学体系，以与程朱理学抗衡。

　　王守仁早年不仅仅遵循朱学，他也探究佛、道典籍。他看到儒、佛在某些观点上并不完全排斥，可以相通，于是萌发将佛禅伦理化、变佛禅为治世之圣学的念头。这就为他以后另辟蹊径打下了基础。

　　37 岁那年，王守仁被贬至贵州龙场，任龙场驿丞。此地人烟稀少，虎狼遍布，瘴疠横行，环境极为险恶。王守仁身处逆境，胸怀大志，以极强的意志力在危难险阻中存活。经过一段时间的刻苦思考，他终于凭借自身的努力开悟，体悟到圣人之道即在自性中，不假外求。龙场大悟使王守仁确立了"吾心之良知即天理"的世界观，开辟出与程朱理学迥然异趣的心学之路。

　　王守仁心学在龙场大悟之后继续发展，以后他提出致良知与知行合一说，继承南宋陆九渊的思想，把心学发展为一个思想体系。"姚江之学"从此风靡天下，震动了思想界，在明代中后期广为传播，几乎危及程朱理学的统治地位。

盛世再现

祝允明的草书艺术

祝允明以诗文、书法名重当时，与唐寅、文征明、徐祯卿四人，并称"吴中四才子"。

祝允明少时天赋聪颖，跟随吴中前辈书法家外祖父徐有贞、岳父李应祯学习书画，他博览群书，对晋、唐、宋、元各代重要作家、作品都有比较深的领会，临书时往往能"以意构之"所以能将名家长处融汇在自己的书法创作中。其楷书、行书、草书皆为时人交口称赞，一举成为明代中期最杰出的书法家，素有"明朝为第一"的盛誉。他的小楷清俊秀挺，接近钟繇的风格。行书流畅俊美，深受《集王羲之书圣教序》和赵孟頫的影响。

祝允明书法成就最高的是草书，草书崇尚怀素、黄庭坚，兼参照魏、晋名书法家笔法、章法，吸取众家之长，意在突破创新，形成笔势劲健、变化丰富、奔放激越、纵横险绝的自家面目。祝允明善用狼毫笔，传世草书不计较个别点画，力存千钧。潇洒奔放，一往无前，通篇浑然一气，具有强烈的感染力，有一种要解除束缚，蔑视礼法的感觉。

和明代中期其他书法家草书相比，祝允明的草书奔放中有含蓄，致力于突破行与行之间的阻隔为笔画结构创造一种新的形式。不过，有时表现单薄，运笔节奏也缺少对比。

吴伟领导江夏派

吴伟（1459～1508），字士英，又字次翁，号小仙，江夏（今湖北武昌）人，幼为孤儿，曾四处流浪，后因善画为王公贵胄所识，先后于成化至正德年间，两次被召入京，作画得到皇帝和上层人士的优厚待遇，声望显赫。但由于他性格不受羁绊，终于离京南下，流迹江湖，长时间在南京从事艺术活动，

吴伟《词林雅集图卷》（局部）

吴伟《长江万里图》（部分）

正统初，他又一次被召见，未及上路就因饮酒过量死于南京。

　　吴伟擅长于山水、人物画，有粗笔水墨和细笔白描两种互不相同的面貌，画法远师马、夏，近受戴进影响，而有自己独特风格，多作大幅山水人物，笔法豪放挺健，结构简括，水墨酣畅，气势磅礴，现藏故宫博物馆一幅近10米长的《长江万里图》卷是他死前3年所完成的，以辽阔的江水构景，点缀舟楫、江峰山峦、城阙、民舍，气势磅礴，用笔匀染相济，纵横挥洒，"如楚人之战巨鹿，猛气横发，加乎一时"其白描人物既有师法李公麟的，如《铁笛图》卷、《问津图》卷、《洗兵图》卷，又有取法南京梁楷减笔法的，如《柳荫读书图》、《北海真人像》，后者人物气宇轩昂，飘然物外，富有神采。

　　吴伟虽曾入宫供奉，但大部分时间生活在民间，因此他的绘画艺术对宫廷内外都产生了广泛影响，而在院外的职业画家中，拥有更多的追随者。因

为他是江夏人，人们习惯把由他为代表的一批画家称为"江夏派"，直接效法吴伟的职业画家有张路、蒋嵩、汪肇、郑文林、朱邦、史文等，成为后来有别于院体而与吴门画派对峙的一路。

海外贸易开拓

明代的海外贸易较之宋元两代有很大发展，通商范围、商品种类和数量都有所发展，海外贸易领域随着时间的推移和社会历史的发展被逐渐开拓。

宋代的中国，商品经济已有极大发展。重利的蒙元统治者也十分重视贸易的发展，这些都为明代海外贸易的进一步拓展奠定了一定的基础，是明代海外贸易新局面出现的前提。

明代海外贸易以明中叶嘉靖年间断代分前后两期。前期以官方垄断的朝贡贸易为主要方式。朱明王朝定鼎之初，攻击残元势力，防护北方边境是明太祖关注的重点，而沿海则重在防御，为此推行"片板不许下海"的严厉海禁。但为了维持统治集团对奢侈品和香料的大量需求，朝贡和贸易相结合的"朝贡贸易"被官方所垄断和控制。明太祖朱元璋在太仓黄渡设立市舶司专门管理朝贡贸易事务，但不久即被撤消，并在宁波、泉州、广州三地设置，到洪武七年（1374）以后被固定下来，成为明王朝发展与海外诸国贸易关系的专门机构，分别管辖与日本、琉球和南洋各国的朝贡事宜，但对其间隔、时间、人数和携带物品数量有严格的规定，并有"勘合"作为贸易往来的凭证。这时的海外贸易包括朝贡物品和附进品都不征

明代用于航海的水罗盘（通高 9cm，底径 14.4cm，口外径 12cm，口内径 8cm，盘高 7cm）

税。这一局面维持到弘治年间，才规定了一定数量税率。

永乐皇帝在海外贸易方面推行了较为灵活和开放的政策，虽这时的海禁更为严格，但海外贸易却空前繁荣，朝贡贸易达到全盛期。它以郑和七下西洋为高潮，使中国的通商范围得到极大地拓展，以永乐三年（1405）开始到宣德八年（1433）前后28年中，郑和率领一支庞大的商船队完成了人类航海史上的一大壮举，所到之处包括越南、暹罗、马来半岛、南洋群岛，印度、波斯、阿拉伯以及非洲东岸的索马里等在内30多国，并将随船携带的大量货物与所到之国进行易货贸易，使中国的直接通商范围遍及亚、非大陆。由于这次外交的成功、亚、非各国纷纷与明王朝建立了稳定的政治和经贸关系，使海外贸易额、贸易品种都大幅度提高，这时海外贸易的地域和规模都达到了前所未有的全盛状态。此后，由于政治经济等多方面的因素，官方垄断的朝贡贸易渐次衰落，到明嘉靖年间，遂被私人海外贸易所逐步取代，进入明代海外贸易的后期。

早在朝贡贸易垄断海外贸易之际，就有私人走私活动，但其发展非常缓慢，从事这一贸易活动的多是沿海大官僚、大地主和大商人，其雄厚的财力使得他们有能力制造航海大船并得到官府的庇护。朱纨奉命到浙江和福建打击走私贸易，但遭到了失败，为明后期私人海外贸易的发展提供了契机、随后，海禁被部分解除，私人海外贸易取得了合法地位。福建漳州海澄月港被开放，成为私人海外贸易的场所和入海口。明政府在此设置了管理私人海外贸易的专门机构海防馆（后改名为督饷馆），管理也日趋完善，并制订了税法通则，对征税方式、税种、税率等作出了明确地规定，还以颁发行票的方式控制和限定出海船只的数量和贸易地点，这时的贸易活动主要在南洋展开，而与文莱以西的南洋各国的交易更为频繁。

海禁的部分解除，并没有使走私贸易销声匿迹，相反，由于高额的税率，沿海破产人口的增多，海防废弛，走私活动更为猖獗，尤其是被严禁的中日贸易。这时每年到达日本的商船约在30至70艘之间。

明代的海外贸易，中国输出的商品以丝绸、生丝、瓷器为主，兼及铜器、铁器、食品、日用品及牲畜等，以之换取海外各国的特产和香料。《明会典》中记载的各国贡品已有40多种，多是犀角、象牙、玳瑁、玛瑙珠等奢侈品和香料，而万历十七年（1589）制定的《陆饷货物抽税则例》列举的商品有100

多种，除香料和奢侈晶外，还有少量手工业品，流入中国的白银数量也很大。

明代海外贸易的拓展，不仅促进了明朝商品经济的发展和中国资本主义的萌芽，而且扩大了中国与海外各国的交流和政治文化往来，其经验和教训都值得我们借鉴。

宫廷教育形成

宫廷教育是一种有别于官学的特殊教育制度，以皇帝及皇太子为核心。明代宫廷教育，除宗学以外，皇帝和太子教育有专职教官、专门教材、专门的教学场所和讲学礼仪。主要分经筵和日讲，前者只给皇帝开设，后者皇帝和皇太子均开。

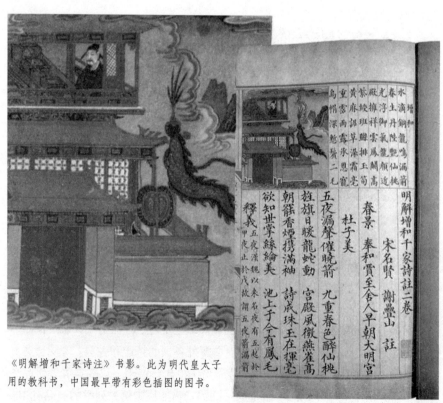

《明解增和千家诗注》书影。此为明代皇太子用的教科书，中国最早带有彩色插图的图书。

046

经筵制度规定每年春秋季开始讲学，每月逢二的日子举行。春秋讲各9讲。春讲从农历二月十二日至五月初二，秋讲从八月十二日到十月初二日止。经筵时，皇帝乘肩舆至文华殿，朝臣大员身穿朝服依品级排列两旁，翰林院春坊等官及国子监祭酒，在开讲礼乐中向皇帝进讲经史，预先由翰林院专职人员准备好的讲章一式两份，讲官、皇帝各一份，讲官只是照章宣读一遍而已，讲罢皇帝即赐群臣宴，无多少实质性的教育内容。

日讲，即每日给皇帝进讲，形式十分简单，一年四季寒暑不辍。讲学时，不用侍卫、侍仪、执事等官，也不用朝臣大员侍听。皇帝来文华殿，听讲读官进讲经史。讲读官由内阁学士一人担任。日讲教学相当严格，课程安排也有长期计划，讲学时间一般在上午。后万历年间张居正鉴于神宗年少，故延长时间至下午，称午讲。每逢三、七、九日，皇帝临朝处理政务或接受朝臣朝觐，则不排日讲。日讲的教学内容主要是儒家经典、历朝正史、宋明理学典要、明朝皇帝先祖制诰及祖规遗训、典章制度、处理政务的经验方法，以及文翰诗赋等，视朝之日不开讲学，但派翰林院文学之士入宫辅导皇帝诗文书法，或咨询解答疑难。入选为教官的均是各具所长的饱学之士。

皇太子的日讲在东宫进行，根据年龄及知识水平安排教学内容和教学计划，较系统，讲读官亦由翰林院士担任。

书院再次勃兴

明朝初年书院仅洙测、尼山两所，是单纯的教育机构，没有什么特色。沉寂了1300余年，到了成化、弘治年间，书院复兴运动稍起。到正德、嘉靖年间，以阳明学派为主导的书院教育运动再次勃兴，形成不可阻挡的文化思潮。

明朝中叶书院的勃兴，有其深刻的政治、学术、教育诸方面的原因。明孝宗鉴于当时的政治危机，力图革新政治，在政治、经济、文化诸领域进行改良。首先，在政治上，广开言路，广纳思想解放有作为人才。弘治年间，孝宗就曾对大学士刘健说过讲官讲章时，可直言无讳，不必顾忌，一时间敢言直谏之士和有文武之才的人才，纷纷为朝廷所任用，他们成为国家政治势力的主体，为言路大开创造了条件，并带动了学术文化等领域对传统和时弊的革除

之举。其次，明孝宗不顾祖训，大胆征聘倡导与朱子学相异趣的以"整治人心"为指归的大儒陈献章。开始意识形态的革新，革新统治并禁锢人们思想的"述朱"式理学思想和八股教育，将其自日益死板僵化的境地向新儒学方向改进。陈献章江门之学首开弘治和正德年间反程朱理学之风，其弟子章懋、湛甘泉也都位至大官。湛甘泉到处建书院以祀其师；在京为官时，与王守仁讲学论道，提倡以"治心"为本的新学术新教育来革新程朱理学与理学教育的痼疾。这表明明中叶书院思潮以当时的新儒学作为革新程朱理学的旗帜，时代学术思想和教育实践进入了新的历史阶段。其三，阳明学派对王阳明（守仁）的权威偶像崇拜，是推动嘉靖年间书院运动勃兴的直接原因。王守仁继以陈献章为宗师的江门学派之后，将书院运动推向了高潮，并主导了明中叶的书院教育思潮。王守仁为拯救明王朝政治、道德、教育诸危机，以其超群胆识和讲学才能宣传他的"知行合一"、"知行并进"、"心即理"、"致良知"学说，反对程朱理学的"知先行后"学说，并先后恢复新建龙冈、贵阳文明、濂溪、

白鹿洞、稽山，阳明书院等，并在讲学和建书院的过程中，形成阳明学思想体系和以该体系为核心的阳明学派。阳明学派顺应社会思想解放浪潮，纷纷建书院、讲舍、联讲会，聚徒讲学，引起一股书院讲学热潮，促进书院运动的勃兴，打破了成化、弘治以前的学术教条和僵化局面，开启了以王守仁为权威和阳明学派为主导的"心学"教育风气，并随着中后期资本主义萌芽、市民力量抬头、早期启蒙思潮的涌起，有力地推动明代学术、

明正德年间（1506～1510）创建的寄畅园（江苏省无锡市）

思想、文化、教育的变革，使明清之际进步思潮的勃兴有了充分的思想准备。王守仁死后，阳明学派在桂萼当国、视阳明学为伪学并大禁的压迫下，仍日益兴盛，全国各地广建祠祭祀王阳明，到处设书院宣讲阳明学，使阳明学广播海内、朝野之内，批判程朱的教育思潮急速高涨。其四，以阳明学为时代主题和学术旨趣的书院教育运动，在中后期更加发展。阳明派书院讲学的重要人物自王艮、王畿等，直至明末的刘宗周等，在长期书院讲学和广建书院的实践中，逐步形成阳明学派各支派领袖人物，加上他们

明正德年间（1506～1510）创建的寄畅园（江苏省无锡市）

在政治、学术上的地位和影响，推动了明朝中后期书院教育运动的持续发展。阳明学派掀起的书院讲学风潮，还推动了明朝中期各类书院讲会组织的迅猛发展。讲会的风气首创于王守仁扶植的安福惜阴会，在该会他提倡以集会讲学的方式来聚集天下豪杰之士，共同切磋学问以倡明学术。他死后，其弟子、门人纷纷建立各种讲会组织，以宣传阳明学派的思想和学术，进一步推动书院运动勃兴。书院讲学之风潮，尤其是阳明学派的讲学实践产生的巨大影响，使明中叶的学术、思想、教育界受到强烈的震撼，极大地冲击了恪守程朱理学的陈腐学风。

049

THE CHINESE CIVILIZATION

总之，明中叶勃兴的以阳明学派为主导的书院教育这一道学革新运动，打破了明初至弘治年间一统天下的"述朱"式理学及教育僵化局面，成为明代儒学发展的历史转折点，并促进了明中后期理学教育的转型。

吴门四家沈周文征明唐寅仇英创建领导吴门画派

吴门画派是在明代中期在苏州地区崛起的一个绘画流派，它继明代前期宫廷院画和浙派的兴盛之后，一跃而成为画坊的盟主，其中沈周和文征明是在文学、书法和绘画艺术方面取得卓越成就的大家，先后成为画坛的领袖人物，同时涌现出许多富有个性特色的画家，该画派的核心人物沈周和文征明都是长州（今江苏吴县，明时为苏州府县）人，吴县春秋时为吴王阖闾建都之地，又称"吴门"，故画派以"吴门"命名，吴派画家的艺术主要继承了宋元以

沈周《庐山高图》

唐寅《孟蜀宫妓图》

来文人画的传统，大多接受良好的古典文化教育和艺术陶养，他们的作品是时代文化精神的结晶，因而也是中国文人画发展过程中出现的又一个高峰。在明代，吴派的声势最为浩大，延续时间最长，影响最为深远，它在中国绘画史上占有重要的地位。

吴门画派的兴起绝不是画家之间的偶然组合，而是在一定的社会经济、政治、文化的氛围中孕育成长起来的，客观上具备良好的地理环境、繁荣富庶、财力雄厚、文风昌盛、艺术传统悠久等有利的社会条件，加上画家本身的杰出才能，全面的文化素质和潜心的努力，社会名士的热心奖掖和支持，终于造就了200多年吴派的兴盛和发展，在中国绘画史上写下了绚烂的篇章。

沈周（1427～1509），字启南，号石田，晚号白石翁，长洲（今江苏苏州）人，出身于吴城一个大家族，祖父沈澄、伯父贞吉、父恒吉都是吴中著名儒生。沈澄于永乐初年以人才被征，后因疾归，几代隐居吴门，沈周幼承家学，沈周绘画从初学到成一代大师大致经历了以下几个时期：40岁以前，沈周受到老师杜琼、刘珏和父祖辈的较深影响，绘画处在师法前人的奠基阶段，

仇英《桃源仙境图轴》

051

如《幽居图》、《采菱图》，与杜琼、刘珏合作的《寿徐有贞六十山水合册》、《庐山高图》等都是这个时期的画迹。《庐山高图》是沈周41岁时特为老师陈宽七十大寿所作，为表达对恩师的崇仰，极力画出庐山仰之弥高气势壮阔宏伟的景象，构图的深邃繁复，皴染的缜密灵活，以及黑白虚实的巧妙安排，善用浓墨点苔焦墨提醒的技法，都深得王蒙的真髓，然而经过沈周的惨淡经营，较之王蒙的山水更透出一股蓬勃明朗的气息，此种精工见气魄，绵密里含苍浑的画格，已脱出老师的成法，表明沈周已经独立地走上了自己的创作道路。

沈周的作品40岁以后拓为大幅，这不能简单地理解为画幅尺寸的扩大，同时也包含着笔墨逐渐放开，气魄转向雄逸沉厚的风格变革，这一阶段大致延续了15年左右。在这一段时期里，沈周进一步广取博览，上至唐宋青绿山水、董巨江南山水、赵孟𫖯的小青绿山水，以至南宋李唐、马远刚健挺拔的笔法等，无不认真揣摩，撷取精英，丰富着自己的素养，同时他对元四家的学习始终不辍，尤其对黄公望、吴镇用功颇深。47岁时，他画有一幅《仿董巨山水轴》，山峦的圆浑，山头密攒苔点和山脚布置卵石等形态，柔和流畅的拔麻皴笔法，陡墨皴染浓墨提醒的画法等，都得到董巨的遗韵，但是沈周在布局上有自己的意匠，近处坡石上并列挺拔的树木十分突出，与后方层层山峰相应，构成高拔的气势，在前后景之间安排曲折萦回的溪流，一直引入到山麓深处，沿岸点缀板桥、行人、舟樯、草亭、茅屋等，既增强画面的灵动气派，又有贴近生活的亲近感，如果说元人学董巨多取其平淡幽寂之处，那么沈周更多地注入了人事的怡悦之情。

沈周晚年在继续探求黄公望的笔墨意韵外，尤醉心于吴镇，以锻炼更加

文征明《石湖清胜图卷》

简洁、沉郁的画法，他把吴镇的粗豪和黄公望的松秀、王蒙的灵动和马夏的刚健、米氏云山的浑宏等有机地融合成一体，终于形成了"粗枝大叶"而又天真灿烂的独特风格，晚年学仿前人代表作品的有 61 岁追摹黄公望的《仿子久富春山居图卷》、62 岁《仿子久富春图》和《临黄公望深山曲坞图卷》、66 岁《摹米元晖大姚村图》、74 岁《临巨然白云肖寺图卷》、79 岁《临黄公望富春大岭图》以及《仿高克恭雨霁图》等等，沈周的绘画深深植根于民族传统艺术的土壤里，摄取着前代大师的精英，因而能够在深广的根基上，建造起自己的艺术殿堂。

沈周一生的作品，除了部分仿古之作，大部分是"本乎天然"的创作，这一类作品的题材共分三类：一是绘写江南真景山水，如《两江名胜图册》、《苏台记胜图册》、《吴门十二景》、《洞庭雨山图卷》、《张公洞图卷》等，善于概括集中景物的特征，通过简洁的艺术语言，构思出富有诗意的境界。沈周晚年形成平中寓变、以虚托实的特殊结构形态，在许多作品中显现出来，对文征明的山水画产生很大的影响；二是题材虽非描绘具体的山川物景，然境界富有诗意，充分表达出画家陶醉在自然界里心旷神怡的意绪，如《落花诗意图》、《云际停舟图》、《登高吟诗图》等；在花鸟领域沈周也有突出的成就，他继承了钱选水墨轻色的传统，同时又适当地加入了山水画水墨泼染的技法，此外他还善用没骨设色法画花卉疏菜。

沈周一生未曾做官，以处士终身。沈周高洁的人品，恬淡温和的性格以及诗、书、画的广博才能，博得社会各阶层人士的尊敬，誉重吴中，流播四方，很自然地成为画派的领袖。

文征明在沈周晚年脱颖而出，在诗、书、画各方面具备着广博的修养，声名日盛，他的诗作"传情而发，娟秀妍雅"，被誉为"吴中四才子"之一，书法初学欧阳向，后法黄庭坚、米芾、赵孟頫，形成俊迈清拔的风格，在绘画上，远窥宋元，近接沈周，已逐渐出现自家的面貌，文征明为人谦和敦厚，安贫乐道，行为端直，不趋权贵，他平生作画"三不肯应"，即不为藩王贵戚、宦官和外国人作画，他乐于扶掖后进，从学弟子很多，故在沈周晚年和去世后，文征明成为画派的核心人物，主盟画坛 50 年。

和沈周一样，文征明对前代大师的追模研习也是不遗余力的，陈继儒《泥古录》对他学习传统的过程有一个归纳："文待诏自元大家以至子昂、伯驹、

董源、臣然及马夏间三出入"说得较为全面和确切，他早期仿古作品中，含有较重的学习前人技法的意义，如《仿黄鹤山樵山水图》，构景和笔墨技法全似王蒙，《天平记游图》具有黄公望松秀苍润的格调。

表现文人的居住环境和日常生活是文征明作品常见的题材，其中如为朋友华夏前后两次所绘的《真赏齐图卷》、又《乐园图》、《葵阳图卷》、《高人名园图》、《茗上草堂图》、《晶荣图》、《临流幽赏图》、《听泉图》、《清秋访友图》、《停云馆言别图》等，俱是传世的名作，这些作品基于画家的亲身生活感受，因此笔下写来感情真切，通过"意匠经营"，创造出富有典型性的境界，或雄伟深远，或清雅明洁，或荒疏空明，多方面地表现出文人的情愫和理想。吴中和江南地区秀丽的湖山名胜，是文征明常游的地方，因此，他留下了许多诗篇和形象的图画。

文征明的山水画在形式美感上，较之沈周具有更浓厚的文人气息，尤其是在他晚年的细笔山水和青绿山水里反映得更明显，这些作品在构图上更为平实和均衡，很少作重山复水，峰转路回、层层深远的景色，即使是景物较复杂的山水，也是力求布景平衡，后景也画得和前景一样明晰，追求着一种视角直观的平面感，具有很浓重的装饰意味和形式美感。

文征明兼善人物和花鸟，他的人物画吸收了李公麟流畅劲拔的线描技法，又融和着元人的简洁洒脱。他48岁时所作的《湘君湘夫人图》是其人物画的典型之作，文征明的花鸟画属于文人写意画的范畴，以竹、菊、兰。水仙等为主要题材。文征明一生勤于创作，至老不衰，在他90高龄时，仍手不释笔。

唐寅（1470～1523），字子畏，一字伯虎，号六如居士，江苏吴县人，出生于商贾家庭，29岁时应天府中解元，次年（1499）会试北京，因考场舞弊案罹祸下狱，被罢为吏，不就而归，后筑室桃花坞，以鬻文卖画为生。他才气横溢，性格狂放，传世有很多关于他笑傲名教的轶闻传说，唐寅画先学沈周，后受周臣的影响，上追南宋李、马、夏的画艺，同时又继承了文人画的蓄蕴品质，形成自己独特的面目。在山水画、人物画和花鸟画方面，唐寅都取得了很好的成绩。

唐寅的山水画多取崇山峻岭的雄险景致，亦善绘溪桥亭榭的田园风情，如早期作品《骑驴归思图》、中年的《山路松声图》、晚年的《西州话旧图》都是传世杰作；他对人物画也特别擅长，多描绘历史故事与仕女像，特别出名的有《孟蜀宫妓图》、《陶谷赠词图》、《秋风纨扇图》等，活现出纨扇仕女楚楚动人的风韵；唐寅的花鸟画表现出他的多才多艺，著名作品有《墨梅图》、《枯枝鹦鹆图》等。

仇英（约 1505 ~ 1552），字实父，号十洲，江苏太仓人，后居苏州，出身贫苦，拜院体画家周臣为师。又与文征明、唐寅结识。经过长期观摩和悉心临仿，他的画艺大进。他擅长画人物、山水、花鸟、界画，尤长于临摹。主要以工笔重彩的三赵（伯驹、伯啸、孟頫）作品为主，传世的《桃源仙境图》、《栈道图》可谓显例。《桃源仙境图》绘重岩叠岭在青山白云环绕下，几位隐士临流赏琴，遥见远处楼阁隐现。纯用石青的大片山石肃整有矩，秀丽高雅。与幽闲的人物情景交融，俨如脱尘的神仙景象。而《莲溪渔隐图》则山清水秀，用色典雅，有文人画韵味，可称作疏淡的小青绿风格。仇英还能作水墨写意画，传世有《柳下眠琴图》、《右军书扇图》，他专重人物的《职贡图》，或者带背景的《修竹仕女图》，《摹萧照中兴瑞应图》人物各具神采，服饰器物造型谨严，线描劲爽，表现出很高的造诣。

仇英跻身于"吴门四家"行列，应归结于他的勤奋不倦，作画时有"耳不闻鼓吹阗骈之声"的专注精神，他的摹古作品人都也参入自己的笔意，有时代特色。于他在世时就饮誉各地。对于明清宫廷、民间与文人的绘画都产生过相当的影响。

沈周、文征明、唐寅和仇英四家同在吴郡，声气相通，又多他山之助，故能各臻其极，一时从学者如云，蔚而成为画坛的主流，吴门画派其他较有成就的画家是文嘉、文伯仁、陈道复、钱谷、陆治、陆师道、王谷祥、居节、周天球等人。

明官学体系严密

明朝官学，即由国家政府所设，由政府派遣教官教学与管理，其经费、生员、课业及学生资格与出路等，都由政府负责。明代的官学体系非常严密，从中央到地方分为中央官学和地方官学两大系统。

中央官学系统的学校有贵胄性质的宗学，普通性质的有两京国子监、太学，

THE CHINESE CIVILIZATION

专门性质的有武学、医学、阴阳学等。

宗学是设于两京的贵胄子弟学校，学业5年，招10岁以上的宗室子弟。并从王府长史、纪善、伴读、教授等官中选择优秀者作为教师。宗学教材有《皇明祖训》、《孝顺事实》、《为善阴骘》和《四书》、《五经》、《通鉴》、《性理》等。每年还进行提拔学官的考试。

两京国子监则是设于京师的最高学府，在南京的称"南雍"，北京的称"北雍"。

国子监学生来源分官生和民生两类。官生又分两等，一等是品官子弟，另一等

一顶乌沙帽成了的标志。摘去乌沙帽即为罢官。图为明代乌沙帽。

是土司子弟和海外留学生。官生由皇帝指派分定，初有伴皇子学习的任务，后归入专门的宫廷教育体系中去。民生由各地文官保送。

洪武四年（1371）以前官生是民生的两倍。洪武十五年（1382）后民生数额大大超过官生，至洪武三十年（1397）民生1826名，而官生则只有3名。这是因为明初政治集团内部斗争激烈，文教政策也发生变化，功臣大量被杀，其子弟自然不能入监成官生，而且科举取士之途成为入仕必然途径，自然民生数额上升。

永乐年间国子监开始收会试落榜的举人，承担了培训官学教官的职责。南北国子监以北方为尊，但内部结构相同，设五厅、六堂。五厅为绳愆厅、博士厅、典籍厅、典簿厅、掌馔厅；六堂为率性堂、修道堂、诚心堂、正义堂、崇志堂、广业堂。规模恢宏，设置齐备。

国子监的教官有祭酒、司业、监丞、博士、助教、学正、学录、典籍、典簿、掌馔等，均由朝廷任命，管理校中一切事务。

国子监生员按入学年限及学识编班，每班选斋长一名，监督他们的功课。教官管理学生一律以学规为准绳，学校管理极为严厉，严禁学生闹事，轻者记过打板子，重者发配或杀头。

国子监的教学内容有《御制大诰》、《大明律令》、《四书》、《五经》、《说苑》，后又加上《御制为善阴骘》、《孝顺事实》、《五伦书》等。其

中最重要的是，明太祖朱元璋自己写的《大诰》，分续编、三编、大诰武臣等，共4册。主要是列举他所杀之人的罪状，教人引以为戒，守本分，纳田租，出夫役，替朝廷当差的训词等。凡不合专制统治的言论文字，"课士不以命题，科举不以取士"。

国子监生员学习按学业好坏、积分、从广业堂依次升至六堂之首率性堂。

明代国子监还推行监生历事制度，即分配生员到政府各衙门实习，以便于他们在学期间熟悉、了解政事和关心实务，也利于检查教学质量。

另外，武学隶属于兵部，以培训在职武官为任务，后也收10岁以上的军籍子弟，既传授军事战术和武艺，又授《武经七书》以加强军事理论学习。医学和阴阳学则主要培养天文和医药方面人才，规模均较小。

地方官学系统的学校有儒学性质的府、州县、卫儒学、各司儒学等。

洪武二年（1369）以后，大规模兴建学校，府设教授，州设学正，县设教谕各一名。且都设训导，府4、州3、县2。生员数：府学40、州学30，县学20人。师生每月每人供给6斗食米以及鱼肉。宣德元年（1426）又增广生员数，京府学员60，外府州县依次为40、30、20。英宗正统十二年（1447）又再增补。三个时期生员分称廪膳、增广、附学生员。成化中又规定为军人子弟开立的卫学，四卫以上军生80人，三卫以上60，二或一卫40，有司儒学军生20人，土司子弟允许入附近儒学，无定额。

地方官学教学内容与中央各类官学相同，统一标准是科举考试，地方官学还每年向中央官学输送生员。

地方教官的考核标准亦以每年科举取士的多少为标准，附加教官自身的考试。

地方官学的教学不像国子监那样分堂教学，而是分科教学，开始为6科，后缩为4科，分别是礼科（含经、史、律、诰、礼、仪、文学等）、射科（军事体育）、书（书法）、数（数学）。

此外，明代还设社学作为州、县学的预备学校，招收平民子弟。但时兴时废，主要取决于地方官的积极性和社学教育是否与科举有关。到明中后期，则由以教化为本转化为以科举为目的的地方官学。

明官学体系严密，并建立了相对独立的教育行政体系，但仍与政治行政系统平行。

明朝

1511A.D. 明正德六年

三月，刘六等入山东、河南，攻下十余县。小王子掠沿边诸地。

1512A．D. 明正德七年

五月，刘六败死。闰五月，杨虎死，方四败死。刘七等自武昌东进，攻九江等地以达镇江。

八月，刘七败死，部众几尽。

1516A.D. 明正德十一年

小王子扰蓟州，八月，犯宣府。

1517A.D. 明正德十二年

八月，大庾陈曰能据山岗十余年，至是为王守仁所破。

1518A.D. 明正德十三年

正月，池仲容据浰头已十余年，至是为王守仁所破。二月，武宗以太皇大后丧，自宣府还。七月，武宗自称朱寿，诏将巡边。旋出居庸，驻宣府。江西不安者十余年，至是王守仁以"平定"入告。九月武宗至大同，巡偏关，所至掠女子恣淫乐，旋自封镇国公。十月，武宗至榆林，十一月，至绥德，十二月，又往榆林，旋如石州，至大原，遂于其地度岁。

1519A.D. 明正德十四年

正月，武宗自太原至宣府，二月，还京，旋自加大师，称将南巡，谏者百余人，不听，并多杖贬。六月，宁王宸濠反，攻下南康、九江等地，南赣巡抚王守仁起兵讨之，七月，宁濠兵败被俘。武帝亲征宸濠南下，至涿州而王守仁捷奏至，武宗途中恣为淫乐，十二月，始至南京。

1520A.D. 明正德十五年

三月，先是以猪音同国姓，禁宰杀。闰八月，武宗命于广场释宸濠等，伐鼓鸣金而擒之，示为己所俘。迨行献俘礼毕，始北返。

1512A.D. 哥白尼提出大阳中心说。

1516A.D.

土耳其西利姆一世征服美索布达米亚、叙利亚与巴勒斯坦。

1517A.D. 土耳其西利姆一世征服埃及，占领开罗。

威顿堡大学教授马丁·路德开始反对教会出售赎罪券，十月三十一日以所草拟之九十五条抗议钉于威顿堡教堂门上，号召持异义者与之争辩。

外四家兵入京师

明正德八年（1513）正月，"外四家"兵入京师。

为防御北方游牧民族的侵扰，明太祖时曾在北方设置了9个军事重镇，合称"九边"，即辽东、宣府、大同、延绥、宁夏、甘肃、蓟州、太原、固原9镇。正德元年（1506），因12营精锐士兵仅剩6万多人，武宗于是采纳给事中葛嵩的建议，选出五军三千营精锐团练。江彬趁机请调边军入京。武宗准其奏，将辽东、宣府、大同、延绥4镇边兵征调入京，号称"外四家"，又名"四镇兵"，由江彬统领。"外四家"每日在大内操练，依凭威宠，百姓畏避。武宗常戎装与彬联骑而出，检阅军队。两人铠甲相错，难辨真君。武宗还带领善于骑射的宦官自为一营，称为中军，从早到晚不停地往来驱逐，呼号声响彻九门。

开设皇店·商税纳入皇帝私囊

明正德八年（1513）四月，武宗朱厚照下诏开设皇店。

官店，又称塌房，专供客商住宿、存货，早在明朝初年便已设立。1513年四月，朱厚照诏设皇店后，官店纷纷改为皇店，其收入亦为皇家私人所有。

在正德年间，皇店分布广泛，从京师到通州张家湾、芦沟桥、河西务、临清、大宁等地，各地

明版《太平经》

表现明代北京社会生活的巨幅绘画《皇都积胜图》卷（局部）。此图中可见店铺林立。

都有。然而，自此之后，弊端丛生。皇店掌管者派爪牙拦截商贾，横征暴敛，严重扰乱了社会秩序。即使负贩小物亦一一索钱，闹得民怨沸腾。

　　明世宗朱厚熜即位后，曾在嘉靖初年裁撤过一些皇店，但也只是伤及皮毛，皇店依然存在。而早期为各客商提供方便，促进商业发展的官店却消失殆尽了。

正德帝迎活佛

　　明正德十年（1515）十一月，武宗派使臣迎接活佛。

　　武宗听说西域胡僧能知三生之事，人称之为"活佛"，于是渴望一见。他命人查找永乐、宣德年间候显入蕃的故事。并于正德十年（1515）十一月二十七日派遣司礼太监刘允前往乌思藏迎接"活佛"入京。虽众多大臣上疏劝谏，武宗却一意孤行。刘允启程时，用珠琲作旗、黄金为供具，所带茶、盐以数千万计。武宗还赐其僧金印袈裟，犒赏其手下，并命其往返以 10 年为期限。刘允一行行至临清时，索取运粮船只 500 多艘，进入峡江后，因船大难进，只得改用小船，首尾相连 200 余里。到达成都后，刘允营造新馆，每日开支官廪百石，蔬菜银百两。又置办入蕃器物价值 20 万两。经当地官员力争，才减至 13 万。刘允在成都居住了一年多，才率将校 10 人、甲士千人西进，两个多月后到达乌思藏。蕃僧恐其诱害，回避不见。刘允的部下大怒，准备以武力胁迫。不料却被蕃人乘夜偷袭，财物宝货器械均被劫夺，刘允一行中将士死百余人，伤者近半数。刘允乘马逃回，刘允回到成都后，告诫部下不得泄露此事，并快马上奏朝廷请返。此时武宗已死。

《草木子》刊行

明正德十一年（1516），《草木子》刊行。

《草木子》共 4 卷，系叶子奇所撰。叶子奇，生卒年月不详，字世杰，号静斋，浙江龙泉人，是元末著名的学者。明太祖时做过巴陵县主簿。《草木子》写于洪武十一年（1378），正德十一年（1516），由他的裔孙叶溥正式刊行。原稿分为

江阴出土的明代洗眼壶

22 篇，到刊行时则合并为 8 篇、4 卷。该书内容十分广泛，涉及到天文律历、时政得失等方面，对动植物的形态，也广为搜罗。对元末农民起义史迹，该书的记载最为详尽，多是其他书中不曾述及的，也透露了一些元朝的腐朽和当时的社会经济情况。该书不仅反映了作者广博的学识、严肃的科学态度和实事求是的精神，而且也可以看出作者对现实社会生活的关注和对民间疾苦的同情，是研究元末明初的重要资料。

盛世再现

湛若水发展江门之学

　　湛若水（1466～1560），字元明，号甘泉，广东增城人，世称甘泉先生。陈献章弟子，明哲学家。曾任翰林院庶吉士、编修，后任南京礼、吏、兵三部尚书，著有《甘泉先生文集》。

　　湛若水在陈献章"天地我立，万化我出"的心本论的基础上，提出"万事万物莫非心"的心本论观点，和其师一样有明显的唯我论色彩。

　　但湛若水的思想特征是其"随处体认天理"的为学、修养方法，"天理"即封建伦理道德。湛若水认为他的这一说法是对其师"静坐中养出端倪"的修养方法的发展。他主张动静、心事合一，强调随时随事发现"本心"、践履"天理"。无论动或静，无论思或行，都要合乎"天理"，也就是要符合封建伦理道德规范，在动静、心事合一之中，自然也就包含并发展了陈献章的"静坐"法。湛若水把"随处体认天理"看作是"千古圣贤心法之要"。

　　湛若水的"随处体认天理"与其师"静坐中养出端倪"的心学方法在本质上是一样的。但在湛若水心学修养方法的具体内容上则融汇程朱理学中之"天理"和"事理合一"的观点，充实和发展了心学的修养方法。

　　湛若水还修正了陈献章某些方面的学说倾向。白沙心学有违于儒家修身养家治国平天下的为学宗旨，颇近禅学，湛若水遏止了这种趋势；同时也减弱了其师"浩然自得"个体意识的追求。

明文人评画兴盛

　　明朝中后期，文人士大夫比较热衷于鉴藏书画。随着刻版印刷业的发展，品评、鉴赏书画的论著大量涌现。

　　正德十四年（1519），韩昂仿元夏文彦《图绘宝鉴》的体例，著《图绘宝鉴续编》，记载从明宣宗朱瞻基至朱端共 114 名画家。这是关于明代画家传记的最早著作。

朱谋垔的《画史会要》是明代第一部绘画通史。江苏姜绍书的《无声诗史》和会稽徐沁的《明画录》是明代两部重要的绘画断代史。两书均采用列传体形式，前者主要记述有明一代画家 201 人，后者则将明代 873 名画家更为详细地归入道释、人物、宫室、山水、花鸟、墨竹等画科，既有概要性专论，又有画科的兴变，内容十分详实。

山东李开先的《中麓画品》是明朝中期一部著名的书画论述类著作。该

明《画麈》作者沈颢的《设色山水图册》（两幅）

书不仅品评画品，而且对画家及笔法也多有论述。何良俊的《四友斋丛说·书论、画论》是和《中麓画品》同时期出现的书画论述类著作。书中对晋唐书法流派的渊源，明代画坛的现状，对"院体"、"行、利"画家的剖析等等，颇有可取之处。

嘉靖四十四年（1565）王世贞的《艺苑卮言》，既评书画，又涉猎书画历史、理论、鉴藏及与书画相联系的诗文词曲，是一部综合性的书画论述类著作。顾凝远的《画引》，注重区分兴致、气韵、笔墨、生拙、枯润、取势、画水七则绘画要领，突出文人作画"用笔生，用意拙，有深义"的特色。

江苏沈颢的《画麈》，论述有关画派、画理及具体画法，推崇"南北宗说"。

其中所论，多有独到之处。而山水画家唐志契的《绘事微言》，收录诸家画论，汇为一体，所论"画要看真山真水"、"苏州画论理，松江画论笔"等等，可谓寓意深远。

总之，明代私人鉴藏家撰写的著录性书画专著，既评论书画，又论述画理，流派。数量之多，体裁之完备，均胜于往代，在中国美术史料学中占有重要地位。

东西官厅设立

正德七年（1512）十一月，武宗令边军与京营互调操练，辽东、宣府、大同、延绥兵每次 3000 人入京操练。并设立东西两官厅：选团营及四镇兵在西官厅操练，元年所选官兵操练于东厅。自此，两官厅军为选峰，而十二团营为老家。后来改团营西官厅为"威武团练营"，任命江彬、许泰等为提督、另选择地方作为团练教场。给事中汪元锡上书言其弊端：扩张地域则惊扰居民，大兴工事则耗费财力，"以朝廷自将之军，而江彬等概加提督，则僭名分"，武宗不听。由于当时工作浩繁，边将用事，遂使京营军政益坏。给事中王良佐奉天子敕令选军，按户籍登记的有 38 万多，而实际所存不足 14 万，中选的仅 2 万余。此为明代京营之制的小变。武宗逝世后，大臣用遗诏名义将江彬罢废。

乾清宫发生火灾

正德九年（1514）正月十六日，乾清宫失火，化为灰烬。

武宗每年以张灯为乐，所耗经费以万计。是年正月，宁王为讨武宗欢心，献灯宫廷，还派人入宫悬挂。武宗观灯作乐，又派人在庭轩间建毡房，将火药贮藏在内。不料十六日突然起火，延烧宫廷，乾清宫以内化为灰烬。当时武宗曾往豹房巡视，回顾火光冲天，竟然大笑，说是"一棚大焰火也"。

同年十二月，工部上奏称重建乾清宫需费银 100 万两，请求征赋于民，每年征收 115。武宗准奏，并下令在 1 年之内征齐所需银两。霎时间，催征无休止，百姓怨声载道。而朝堂之上，诸臣相继上疏，请武宗速罢弊政，不负天下万民所望，而武宗却充耳不闻，置之不理。

王守仁镇压农民起义

正德十二年（1517）正月，王守仁抵赣州，行十字牌法，镇压大帽山民军。

明廷因江西、福建民军驰骋在江西、福建、湖广、广东交界处，攻南康、赣州，杀赣县主簿吴忱，故在去年八月，命王守仁为右佥都御史巡抚南赣，他于1517年正月抵赣州，次月到任。

王守仁到任以后，以陈金调集士兵多肆虐乡里，且糜费逾万，即檄四省兵备官选募民兵操练。

王守仁先会兵围剿福建大帽山，督副使杨璋等破长富村，进逼象湖山，指挥覃桓、县丞纪镛被民军杀死。守仁亲率锐卒屯上杭，假装退兵，后出其不意连破40余寨。

朝廷加守仁提督军务衔，守仁即更兵制，以25人为伍，伍有小甲；2伍

王守仁《七律·寿诗》（书于1516年）

为队，队设总甲；4队为哨，设哨长，协哨2员；2哨为营，设营长，参谋2员，3营为阵，设偏将；2阵为军，设副将，临事委任，以责权奖惩。

本年七月，守仁进兵大庾，败谢志山。十月讨横水、左溪，擒谢志山、蓝天凤等。翌年正月，又平浰头池大宾。到十二月，江西、福建等处的民军在王守仁的围剿下，全部被讨平。

正德帝微服出游

武宗朱厚照不理朝政，整日寻欢作乐，游山玩水。为避免引起外人注意，从正德九年（1514）二月六日开始，武宗即微服出行，夜至教坊司观乐，大

开眼界，自此一发不可收拾。江彬为争宠，屡次向武宗进言，说宣府乐宫多美女，可微服巡幸，既可巡边，又不受制于朝臣。朱厚照心动，于正德十二年（1517）八月微服前往昌平，被御史张钦阻挡。武宗急命谷大用取代张钦，阻止追谏朝臣，乘夜出走，来到宣府。江彬陪着武宗每晚入百姓家，索取妇女，尽情纵乐。不久，又前往阳和，得知迤北入寇，便至应州，在寇退的情况下，自称威武大将军朱寿及"镇国公"，行如同儿戏。十月九日，武宗还驻大同，群臣劝其回京，遭拒绝，直至次年正月六日，才从宣府回到北京。群臣到德胜门外迎接，只是称"威武大将军"，不敢及尊号，众官亦不敢称臣。

武宗还京后，屡次思念宣府之乐，江彬又引幸大同。因太皇太后死，不得不回京发表。在行将埋葬之际，又至昌平，还到黄花、密云游乐，趁机掠良家女户数十车。

正德十三年（1518）七月十日，武宗又前往宣府，并称此地为家，京朝官自此也以宣府为家。九月一日武宗到达大同。十六日，武宗降旨自封为镇国公，岁支禄米5000石，命吏部按旨奉行。随后，武宗在江彬的陪同下从大同渡过黄河，经榆林到达绥德，纳总兵官戴钦之女，再由西安抵太原，纳晋府乐工妻刘氏，近侍称"刘娘娘"。武宗远近所及，引起巨大骚动，大为民害。正德十四年（1519）三月，朱厚照自称为"总督军务威武大将军太师镇园公朱寿"，准备南下寻花觅柳，只因大臣、言官谏诤，才未能成行。

素三彩海水蟾纹三足洗（明正德）

同年六月，宁王朱宸濠谋反，本已被王守仁擒获，而武宗却在江彬的纵容下，还要表现一番，引以为功。于是，

孔雀绿釉青花鱼藻纹盘（明正德）

武宗拒绝大臣们的劝阻，下诏南下亲征宁王，意在巡幸江南。十二月一日武宗抵扬州，骑兵夜半遍入人家，掠夺妇女，无恶不作。十二月十九到仪真钓鱼游玩，大选妓女。次年闰八月，武宗与近侍都着戎装服，树大旗，饬军容，出南京城数十里，下令除去宸濠的枷锁，伐鼓鸣金，由武宗"擒获"，然后列于阵前，摆出凯旋的样子。八月十二日，武宗始由南京出发返回北京。

宁王朱宸濠谋反失败

正德十四年（1519）六月十四日，宁王朱宸濠谋反。

朱宸濠于弘治十年（1497）嗣宁王，但心蓄异谋，不安王位，加上术士的教唆，野心渐渐增长。先后行贿刘瑾，拉拢兵部尚书陆完，通过伶人臧贤，向权臣献金献宝，又投朱厚照（武宗）所好，贡上极其奇巧的四时灯数百个。

宸濠为实现其篡位的愿望，想出以子入嗣的办法，要求钱宁、臧贤等设法使其子"司香太庙"。可是，恰在这时，朱厚照近幸江彬、张忠与钱宁、臧贤相互倾轧；张忠向朱厚照直言宁、贤屡次称赞宸濠既贤且勤，意指皇帝不贤不勤。朱厚照即下旨收宁王护卫，归还所夺民田。宸濠得知这一消息，即于今日起造反，且以致仕都御史李士实、举人刘养正为左右丞相，参政王纶为兵部尚书总督军务大元帅职，集兵10万，准备从南昌出鄱阳湖，下九江、南康等地，最后攻下南京即皇帝位。

这一企图遭到南赣巡抚王守仁、吉安知府伍文定的阻遏。次月，宸濠进攻安庆受挫。王守仁时已集各地卫所军8万，号30万，以伍文定为先锋。守仁攻取南昌，伍文定率兵直攻宸濠并预设埋伏。两军交战，宸濠大败，再战再败。二十六日，官军以火攻，宸濠溃不成军，妃嫔皆赴水死，将士死者3万余人。宸濠、世子、郡主、仪宾及李士实、刘养正、王纶等一一就擒。宸濠叛乱前后43天，以失败而告终。次年十二月，宸濠被械至通州时，朱厚照下诏将宸濠处死，且焚尸扬灰。

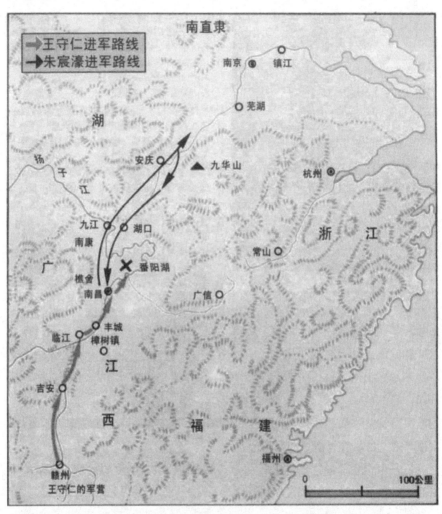

宸濠之乱形势图

唐寅绘画自成一格

　　明代有"江南第一风流才子"之称的画家唐寅（1470～1523），字子畏，一字伯虎，号六如居士，又号桃花庵主，吴县（今江苏省苏州市）人。出身

唐寅像

唐寅《临韩熙载夜宴图卷》（部分）

卑微商贩之家，早年发愤读书，弘治十一年（1498）中应天府（今江苏省南京市）解元。会试时却因程敏政泄露试题一事牵连，被投入监狱。正德九年（1514），他投奔西宁王朱宸濠帐下，后发现朱宸濠有不轨之意，于是返回江苏。后因仕途经历两次坎坷遂转而筑室于桃花坞，潜心诗文书画以终。

唐寅诗文流畅通俗，与祝允明、文征明、徐祯卿并称"吴中四才子"。

唐寅《洞庭黄茅渚诸卷》

唐寅《灌木丛篠图轴》

唐寅《风竹图轴》

书法则师赵孟頫，风格奇峭。绘画上也自呈风貌。他早年师事周臣，主要吸取李唐、刘松年的传统，后博取众长，师古而不泥古，又漫游名山大川，兼之读书多，修养深，阅历多，故而无论在山水画、人物画，还是花鸟画上都能自成一格。其作品既严谨缜密，又清逸洒脱。

唐寅的山水画，一种较多受周臣和李、刘影响，呈院体风貌，代表作品有《骑驴归思图》、《山路松声图》等。另一种山水画多参以元人画法，呈秀润清俊的细笔画风，更多文人画意趣，代表作品有《事茗图》、《毅庵图》等。现代山水画家吴湖帆曾说："六如居士画，昔人论曰'远攻李唐，足任偏师'，而不知其疏宕处得力于夏禹玉甚深。又能以南宋之韵表北宋之骨，正所谓运百炼钢若绕指柔者，发千古画苑奇格，不独与沈（周）、文（征明）角胜一时也"。在唐寅的画中，笔墨分明而不刻露，浑融而不模糊，和明代一味单纯借鉴南宋画派流于疏狂简率，缺少含蓄全然不同。他的表现技法变易了李唐南宋画派以面为主，以沉雄刚健的斧劈皴法为主的作法，而改为细长清劲的线条或长皴来构图，呈现出一种腴秀明净的装饰味，后人称为"青出于蓝"。

唐寅在人物画上也有很深的造诣，题材多绘古今仕女和历史故事，造型准确优美，情态飘洒高雅，许多内容富有讽喻世态之意。早年以工笔重彩为主，用笔精细，设色艳丽，后来又兼长水墨写意，洗练流畅，笔简意赅。所作仕女，尤有特色，对后世影响较大。唐寅人物画体貌上有两种：一种是线条劲细，敷色妍丽，气质华贵，出自南宋院体的如《孟蜀宫妓图》、《簪花仕女图》等；另一种呈兴意潇洒，运笔如行云流水，出自南宋梁楷、法常，并具有元人气息的如《东方朔》、《秋风纨扇图》和《牡丹仕女图》等。

唐寅所作的花鸟画以水墨为主，画法介于沈周、林良之间，工稳而不一味精谨，洒脱而又非随意纷披，呈现一种活泼，秀逸的格调。存世作品有《枯槎鹦鹆图》、《墨梅图》等。

明代王世贞评唐寅的画"秀润缜密而有韵度"（《艺苑卮言》），大体上概括了他的艺术特征。清恽格在《南田画跋》中说唐寅"笔墨灵逸，李唐刻画之迹为之一变"，都说明了唐寅能将"南画"重韵和"北画"尚骨的特点巧妙地揉合一起，形成了一家之体。

1481 ~ 1490A.D.

明朝

1521A.D. 明正德十六年

三月，武宗死于豹房，无子，乃迎兴世子厚熜于安陆。捕佞倖江彬，旋杀之，籍其家，得金七十柜，银二千二百柜，珍宝不可胜计。

四月，厚熜至东京即位，是为世宗肃皇帝。诏议皇帝本生父兴献王祐杬尊崇典礼，于是大礼议起。是岁，文学家何景明死。

1523A.D. 明嘉靖二年

正月，山东民起事者大破官军于归德，逾月乃败。小王子犯沙河堡。三月，鞑靼别部酋长俺答扰大同。世宗始建醮于宫中，道士势渐盛，大臣谏，不听。是岁，名文学艺术家唐寅死。

1525A.D. 明嘉靖四年

音乐家，昆腔创造者魏良辅中进士

1526A.D. 明嘉靖五年

二月，以龙虎山道士邵元节为真人，赐银印。改两淮盐法。

七月，李福达之狱起。

1528A.D. 明嘉靖七年

二月，王守仁招降岑猛余部，田州事定。

十一月，王守仁卒。

1521A.D. 土耳其帝国苏里曼一世陷塞尔维亚首都内贝尔格拉德。

1525A.D. 托玛斯·闵采尔据图林几亚这牟尔豪孙城起义，但五月中旬亦为贵族击败。闵采尔被俘后，以身殉。

1526A.D.

贴木儿五世孙巴拜尔率师一万二千人侵入印度，破德里苏丹伊布拉希姆兵，遂灭路提王朝，复征服恒河下游，建立蒙兀尔帝国（亦译莫卧儿帝国）。

1528A.D. 土耳其苏里曼应最波利俄之请，遣兵入匈牙利，陷布达佩斯。

1530A.D.

越南，莫登瀛即位，是为太宗。纺车发明于日耳曼（按以前用纺秆）。

查理陷弗罗棱斯。令美第奇氏复辟为世袭统治者，弗罗棱斯共和国终。葡萄牙里斯本大地震，毁屋一千五百余所，死者三万。

072

正德帝朱厚照死于"豹房"

　　明正德十六年（1521）三月十四日，武宗朱厚照死于"豹房"。

　　朱厚照是明孝宗朱照樘的长子，弘治十八年（1505）五月十八日即皇帝位，年仅 14 岁。明武宗年幼时便宠幸女色，喜好游玩作乐。即位后更是大兴土木，在西华门外另构筑几重宫殿，并设有厢房密室，称为"豹房"，专供自己淫乱享乐。"豹房"内陈设奇珍异宝，出入的都是宠臣等。由于纵欲过度，武宗终于死于"豹房"，时年 31 岁。武宗在位 16 年，始终重用宦官，不理朝政。先是刘瑾窃权误国，弄得民不聊生，以至爆发了以刘六、刘七为代表的明朝建国以来规模最大的农民起义。后来江彬得势，宗室内部发生了宁王朱宸濠反叛，导致国势日益衰落。虽然如此，武宗死前却立下遗书诏令，罢除弊政，如将豹房中的乐师、侍女都罢遣出去等等。正德十六年（1521）三月十八日，武宗宠臣江彬在北安门被杨廷和设计擒拿，同神周和李琮一起被投下死牢。同年六月八日，三大恶棍被斩首示众，天下臣民无不拍手称快。另一个宠臣钱宁也得到同样的下场，在五月被判斩首。

　　武宗由于无子，于是遗诏立兴献王朱佑杭的长子朱厚熜为嗣君。正德十六年（1521）四月二十日，朱厚熜即帝位，时年 15 岁，是为明世宗，改明年为嘉靖元年。世宗即位后，命令大学士杨廷和起草诏书，革除前朝的弊政，并命令朝廷大臣讨论他的生父兴献王朱祐杭的谥号，称呼及武宗的称呼等事议，这就是大礼之议的开始。

常州松江大风潮

　　嘉靖元年（1522）七月，常州、松江等府遭受了百年未遇的水灾。溺死者、失踪者数以万计。大灾之年，无粮可食，人吃人的情况时有发生。

浙江海宁的钱塘江涌潮

　　是年七月二十三日，常州靖江县开始遭受风暴袭击，随之大雨滂沱。二十四日，南畿和浙江西部地区数千里内海啸肆虐，十室九空。二十五日，风暴大雨继续袭击吴江，太湖水位高达1丈多，沿湖30里方圆内，人畜俱死。尤其是松江村，由于地势低洼，一面临海，海浪袭击沿海江岸，合抱的大树都被风连根拔起。到了半夜，风势更猛，就连平坦的地面也积水2丈多深，江海相接，一片渺茫，生在高坡上的大树也仅露出树顶一角，房屋全部倒塌，淹死的人畜不计其数，损失惨重。

发生"争贡之役"　　

　　正德末嘉靖初年，日本国王源义植年幼，朝政由大夫把持，诸道都争相来华朝贡。嘉靖二年（1523）六月，日本贡使宗设到达了明朝的一大港口宁波。不多时，中国商人宋素卿和日本另一使节瑞佐也结伴而来。为了争夺与明朝的通商特权，双方各持言辞，相互争执，各说真伪，不可定论。

　　宋素卿打算先下手为强，用金钱打开门路，于是用许多金银去贿赂当时的宁波市舶大臣赖恩（市舶大臣是当时明朝委派到各大港口进行船务和航运管理的官员）。赖恩是个贪图小人，宋的贿赂正中下怀。宴请会上，宋素卿的座位在礼仪上高于宗设，这有违尊先的规矩。运货的船到后，又先验了宋素卿的，这些引起了宗设的愤慨。最后，他杀了瑞佐，又烧毁了他的船。接着一路追杀宋素卿，直到绍兴城，沿途烧杀抢掠，使浙江中部大乱，民众震惊异常，不知所措。

在事态平息以后，礼部（明朝在中央所设立的六部之一）在审查过程中，查明宋素卿在正德年间因为与外国勾结的事被人发觉，为了逃避处罚他便贿赂刘瑾，以开脱自己的罪责。这件事发生后，朝廷终于将宋素卿斩首，平息民愤。

大礼之争议发生

明代大礼议历时十几年，尤以 1521 至 1524 年间最为激烈。朝廷大臣渐分两派，各抒己见。一派以杨廷和、毛澄为首；一派以张璁、桂萼为首。直到 1538 年，大礼议才算真正告一段落。

正德十六年（1521）三月，明武宗死于豹房。四月，世宗即位。即位后6 天，世宗即下诏命大臣商议如何称呼他的生父兴献王朱祐杬及其生母蒋妃的问题。大礼议由此开始。大学士杨廷和及许多大臣都主张应当依承古制，称孝宗为皇考而称兴献王为皇叔考。世宗接到杨廷和的上疏后不满，命大臣再议。进士张璁为迎合世宗，便说应尊称兴献王为皇考。七月，张璁撰写的《大礼疏》取得世宗的欢心，并诏示杨廷和、蒋冕和毛澄，尊其生父为兴献皇帝，生母为兴献皇后，祖母为寿安皇太后。杨廷和认为不妥，封还手诏。同年 12 月，

正德年间（1506～1521）铸造的阿拉伯文带座铜香炉，是明廷为表示对伊斯兰教传教活动的支持而特地赠予该教寺院的。

世宗再下诏书加称其生父兴献帝为兴献皇帝，生母为兴献皇后。杨廷和、毛澄、乔宇等人上疏力争，他们认为称兴献帝已是尊崇之极了，再加"皇"字，则忘所后而重本生，于大礼大义不符。

嘉靖元年正月，清宁宫发生火灾，杨廷和奏言这是由于称兴献王为皇帝所引起的，世宗迷信，答应不加"皇"字。但是，张璁与桂萼两人仍继续鼓动世宗。嘉靖三年正月，桂萼上疏称孝宗为皇伯考，兴献帝为皇考，另立太庙，将兴国太后称为圣母，世宗又开始动心，便将他们的上疏交由大臣商议。礼部尚书汪俊等集议奏报，据理力争，但世宗不听，反而将许多参与议争的大臣的官俸剥夺，甚至将他们投入大牢。杨廷和在同年二月也辞官而去。

嘉靖三年（1524），明世宗根据张璁、桂萼两人的上疏于七月在左顺门接见百官。没想到何孟春、姚夔、杨慎、秦金等人率领文武大臣共 200 多人在门外跪伏恸哭，高呼孝宗皇帝。世宗大怒，将马理等共 134 人逮捕入狱。九月五日，世宗更定大礼，正式称孝宗为皇伯考，兴献王为皇考，并诏示天下。嘉靖四年（1525）六月，世宗下令建造"世庙"，以崇祀兴献皇考。七月，世庙建成。十五年十月，"世庙"改名为"献皇帝庙"。1526 年，世宗又颁行《大礼集议》。到了 1538 年，世宗尊其父为睿宗。至此，大礼之争议终于告一段落。

李福达之狱起

嘉靖五年（1526）七月，李福达之狱起。

李福达，又名李午、张寅，太原崞县人。他早年因参加白莲教而被充军。逃脱后在洛州定居，再次纠集弥勒教数千人图谋造反。事情败露后，他改名张寅，又以烧炼黄白之术取信于武定侯郭勋，用输粟捐官的方法当上了太原卫指挥。

嘉靖五年七（1526）月，张寅被仇人薛良认出并告发，由山西巡按御史马录调查查实。郭勋写信为张寅求情，马录奏报朝廷张寅就是当年的李福达，并弹劾郭勋庇护逃犯，扰乱法制。与此同时，言官王科等数十人也一起弹劾郭勋。郭勋因在大礼议中支持过张璁、桂萼，所以向他们俩求援。张、桂二人想借此机打击异己，便上疏给世宗，说郭勋是因为议礼而引起众怒，如今那些人想借此来报复郭勋。世宗被谣言所惑，便下令重组三法司审查组，委派张璁执掌都察院，桂萼执掌刑部，这些正中张、桂二人下怀。他们到任后，改变前审的证词和定罪。结果马录因不能忍受严刑逼供而屈打成招，被判永远流放。其他凡参加弹劾的大臣也全部被革职流放，薛良被斩首抵罪，张寅恢复原职。这一冤狱就此划上句号。世宗还罢黜了刑部尚书颜颐寿的官职。

世宗认为张、桂二人平反有功，赐二品侍奉给他们，并有三代诰命，还赠送金带、银币。后来又编写了《钦明大狱录》颁行天下。

嘉靖四十五年（1566），四川蔡伯贯被俘，李同下狱，李同供述其祖父就是李福达，这样李福达一案终于真相大白。可惜马录早已冤死异乡。李同最后被斩。

山西洪洞的广胜寺飞虹塔。建于明嘉靖六年（1527）为八角十三层，塔身用青砖砌成，全塔用黄、绿、蓝三色玻璃镶嵌。下部三层最为精美，充分反映了明代玻璃制作品高超技艺。

王守仁著《大学问》

明嘉靖六年（1527）五月，王守仁受命镇压广西少数民族起义。在出征广西前，录下了全面阐述他的哲学思想的《大学问》一书。

此书是晚年王守仁在其思想完全成熟时期的哲学语录。由其对门人提出的有关《大学》的问题进行解答，经钱德洪辑录而成。编入《正文成公全书》第 26 卷。

在书中，王守仁在许多重要观点上都与朱熹针锋相对。朱将《大学》一书分为经传，并补写格物致知传，王认为本无经传可分，更无经传可补。他用"致吾心之良知"来解释《大学》中的"格物致知"之义，反对朱熹向外穷理的格物致知说。认为格致本于诚意，以诚意为主。主张以格物为正心，要求发挥良知的作用，用良知作为评判事理的标准和解释经典的根据。王守仁接受陆九渊的"心即理说"，提出"心外无物，心外无理"的命题，形成完整的心学体系。认为身之主宰便是心，心之本体便是理，心外无理；心之所发便是意，意之所在便是物，心外无物。他强调意识的主观能动性，却混淆了主体同客

王守仁像

体、意识和存在的界限，完全颠倒了两者的关系。

　　他又提出"良知说"，认为人心的灵明就是良知，良知即天理，故不应在良知之外求天理。提出"以天地万物为一体"的思想。天地万物皆从良知中产生，没有我的良知便没有天地万物。良知是"天渊"，天地万物就在良知中发育流行，而不在良知之外。王的所谓"良知"，实际上是主观道德意识。良知既是是非和善恶的标准，即真理和道德的标准。他认为是非善恶之心人人俱有，圣愚皆同，无须假借。因此，人人都可成为圣人，都可用自己的良知作为衡量是非善恶的唯一标准，不必求诸于圣人和典籍。打破了圣人和凡人的界限，具有进步意义。但他又同时认为良知是超越是非之上的绝对真理，是超越善恶之上的至善，体现了王守仁思想的内在矛盾。

补筑杨一清时所修长城

　　嘉靖七年（1528）二月，明世宗下令补筑杨一清时所修的长城。

　　明洪武年间，为防御北元的骚扰和确保边塞要地的安全，朱元璋曾派大将徐达率众修筑长城，历时200多年。今天我们所看到的多为明修筑的长城。

杨一清像

明代修筑长城施工包工队工牌（嘉峪关出土）

朱元璋以后，明武宗也曾派人修筑长城。

正德初年，即武宗登基后不久，陕西总督杨一清奏请修筑自定边营（今陕西定边）到宁夏横城堡（今宁夏银川东南）共 300 里城堡。但工程进展并不顺利。由于权贵刘瑾的诬诟，杨一清被捕入狱。后得李东阳、王鏊等人鼎力相救，才免罪释放。杨一清的去任，使长城修筑工程仅修了 40 里就被迫中断。

嘉靖七年（1528）二月四日，工科给事中陆粲上书奏请世宗补修长城，以完成杨一清在任时未完成的长城修筑工程。世宗认为这一举措可使国泰民安，便与杨一清商议如何继续开工，并下令推举精忠报国、忧国忧民的文武大臣各一名负责工程的所有计划；同时，命令户部迅速着手准备，发放建材用资，以供修筑之用。

王守仁去世

嘉靖七年（1528）十一月，明代理学家王守仁去世，享年 57 岁。

王守仁（1472～1528），名云，字伯安，浙江余姚人。因曾经在阳明洞讲学，

学者称他为阳明先生。弘治十二年（1499），他考中进士，历任刑部和兵部主事、龙场驿丞、南京太仆少卿、巡抚南赣右金都御史等职，先后镇压了福建、江西等地农民起义。正德十四年因平定宁王朱宸濠的叛乱有功，被封为新建伯，为明代文臣用兵制胜之首。1527年，他又以左都御史的身份总督两广军务，镇压广西瑶民起义。后因疾病缠身，请求辞官，并举荐郧阳巡抚林富自接位。他没有等朝廷的命令下来便启程返乡，在途中去世，谥号文成。

王守仁天资聪颖，18岁即拜访程朱派学者娄谅，讨论朱熹的格物和圣人可学而至的思想。后端坐家中，潜心学问。他是我国唯心主义集大成者，创立了主观唯心哲学论哲学体系，继承发展了陆九渊"心即理也"的学说，提倡人人致良知和知行合一，形成理学中的"王学"，弟子遍及天下。他的思想的发展和传播，对明中叶后的思想界有深刻影响。著有《王文成公全书》共38卷和《传习录》传世。王守仁曾自诩平生做了两件事：一是破山中贼，即镇压农民起义；二是破心中贼，即心学的广泛传播。这也许是对他最好的总结。

王守仁《五言诗》（书于1527年）

颁行《明伦大典》

世宗曾经命令大学士张璁、桂萼等人纂写修订《大礼全书》。到嘉靖六年（1521）八月十五日张璁等人把初稿共六册呈送给明世宗参览。明世宗将《大礼全书》更名为《明伦大典》，最后到嘉靖七年（1528）六月初一，正式编完，明世宗自己亲自作了序文，并交给史馆，颁行天下。

历经大礼之争议，张璁、桂萼与诸大臣意见相左、矛盾日深，张、桂两人便请求世宗，剥夺那些议礼诸臣的官职。世宗敕令说：杨廷和是议礼过程中的主要人物，应当斩首于市，但念其劳苦功高，以定策国老自居，便宽宥他剥夺官籍，打为平民。并对尚书毛澄、蒋冕、毛纪、林俊、六卿之首的乔宇，礼部主事汪俊，以及吏部郎中夏良胜、何孟春等人一一处以夺官去职，发原籍为民的处罚，其余已经受过处罚或削籍为民者，一概不予追究责任。

《明伦大典》的修订和颁行实际上是为了维护少数掌有特权的上层官僚的利益，为保证皇上的绝对尊贵和至上权力服务，在规范臣民礼仪的作用之下严格君臣等级、臣民分化。

陈铎号称乐王

陈铎（1488？～1521？），字大声，号秋碧，下邳（今江苏邳县）人，明代散曲家。家居金陵，世袭指挥使，博学多才，为人风流倜傥，工于诗词、散典，又精通音律，善弹琵琶，教坊子弟称他为"乐王"。

陈铎的散曲，内容多写闲情逸致及男女风情，部分作品反映了当时的市井风貌和下层市民的生活。如［黄钟·醉花阴］《秦淮游赏》写秦淮河风光，即景抒情，随意挥洒，意气豪迈，辞句清丽。［满庭芳］《摇橹》借摇橹抒写乡情，韵味悠长。而《秋碧乐府》、《花月妓双偷纳锦郎》、《郑耆老义配好姻缘》等更是为风月场中歌妓清唱所作。这些散曲，因多用南曲所谱，"南音嘹亮而清脆"，音律稳协，故能传唱一时。

北曲小令《滑稽余韵》是陈铎散曲的代表作。全曲收小令136首，描绘了道士、和尚、工匠、店铺、媒人、巫师、盐商、皂隶、铁匠、瓦匠等60多种行业，相当真实地反映了明代中叶下流社会的精神面貌和市井细民的生活状况，是一幅幅市民生活风俗画。作品采用当时浅显而通俗的口语，幽默风趣，泼辣尖新，具有很强的讽刺意味。

前七子复古

　　明代，朝廷制订了八股文科举考试制度，天下文人遂将注意力悉数转向四书五经，而对于其它古书典籍则概不涉阅。并且当时文坛流行的文体是"台阁体"和"理气诗"，其中"台阁体"纯为粉饰太平的无病呻吟之作，"理气诗"又毫无诗味，庸俗之极。在这种情况下，出现了一个文学团体——"前七子"，提倡复古，学习情文并茂的汉魏盛唐诗歌，以消除八股文对文人造成的不利影响。

"前七子"之首李梦阳自书诗墨迹

"前七子"以李梦阳为首，包括何景明、徐祯卿、边贡、康海、王九思和王廷相等7人。他们为复古，提出"文必秦汉、诗必盛唐"的口号，强调文章学习秦汉，古诗学习汉魏，近体诗则效仿盛唐。认为汉唐以后的诗文则一代不如一代，因此必须严守古法，模拟古代诗文的形式，进行创作。

李梦阳（1473 ~ 1530），字献吉，号空同子，庆阳（今属甘肃）人，他在乐府、歌行、七律方面具有较高的艺术成就。如在《台寺夏日》中描写台寺景象时，气势磅礴，鉴古知今，别具特色。他创作了一大批富有现实意义的作品，对封建统治阶级的腐败和无能作了较深刻的揭露，对劳动人民的贫苦生活表示深刻的同情，如在《君马黄》中描写宦官的骄横，揭露了封建统治阶级的罪恶；在《朝饮马送陈子出塞》中一方面描写了劳动人民的悲惨生活，另一方面揭露军队的无能。

何景明（1483 ~ 1521），字仲默，号白坡，又号大复山人，信阳（今属河南）人。在抨击当时盛时的"台阁体"时，他起到了很重要的作用，对当时的政治极为不满，并悉数在作品中表现出来。如《盘江行》描述了官军对人民的掠夺，《玄明宫行》讽刺了皇室的奢侈豪华。

徐祯卿（1479 ~ 1511），字昌毂，一字昌国，吴县（今江苏苏州）人，擅长于七言近体，写诗时重视外界事物对内心灵感的触发，诗意隽永，情韵深长，其诗较前七子中其他6人多了一点婉约清丽的风格。作品有《迪功集》，其中也不乏反映现实之作，如《猛虎行》是对当时社会不公现状的极力讽刺。

边贡（1476 ~ 1532），字廷实，号华泉，历城（今山东济南）人。他的作品调子较为平和，艺术感染力不强，这可能与他顺利的人生经历有关。他的作品所反映的内容也较为贫乏，取材较为狭窄，主要擅长于五七言律诗和绝句。

前七子虽然都主张"文必秦汉、诗必盛唐"，但在一些具体的效法手法上仍存在很大分歧。如李梦阳提倡句模字拟，刻意古法，甚至在格调、结构、修辞、音调方面，完全模仿古人而作，这就不免使得他的作品泥古不化，只具有前人的形象，而无任何内容上的新意，甚而流于剽窃。而何景明则主张拟古是一方面，另一方面也要不露模仿的痕迹，"领会神情"、"不仿形迹"，徐祯卿也主张重视外物的作用，感情真挚才能有好作传世。

总之，前七子在当时虽然仿效古人的诗作形式几近呆板，内容无甚创新，但在打击八股文，提倡复古方面，还是有一定的功绩的。

等韵学昌盛

等韵是音韵学上分析汉字字音结构的一种方法。广义指等呼、七音、清浊、字母、反切等，狭义专指韵母的等呼。

明代的等韵学到明中叶，盛行于世，学者视参禅为大悟门，等韵为小悟门，等韵学受到当时学者的极大的重视。明代等韵学摆脱了中古韵书的影响，以反映当时当地的实际语音为研究目的，是汉语等韵学上一个具有划时代意义的重大进步。

明代出现了数十种等韵学著作，主要有徐孝的《司马温公等韵图经》、无名氏的《韵法直图》、李世泽的《韵法横图》、法国人金尼阁的《西儒耳目资》、袁子让的《字学元元》，桑绍良的《青郊杂著》、方以智的《切韵声原》、叶秉敬的《韵表》等。

徐孝的《司马温公等韵图经》是根据当时河北方言的语音对《切韵指南》加以归并而成。书中将儿韵摄并为乃韵摄；将36字母删并成22声母；把原来的入声字分别派入上、去和阳平，并称阳平为"如声"。此书较好地反映了北方话语音的发展变化。

《韵法直图》作者不详。从根本上改变宋元时代韵图按四等和两呼列图的等韵观念和韵图制作体例。全书共列44图，分图标准是呼的不同。每图纵列32声母，横列平、上、去、入四声；韵目之下注明在五音中属何音，一韵之后注明属于何呼。这部韵图反映是中原地区共同语的语音，主要是读书音。此书变"等"为"呼"，对韵类的划分均从实际语音出发，并常从韵头、韵尾各方面来区分韵类，对后来四呼形成和定型有重大意义。

《韵法横图》由李世泽著，它的韵图在列图格式上横列36字母，纵列开、齐、合、撮、混五呼，与《韵法直图》正相反。保留声母36字母，所分韵入声韵16类，非入声韵42类。全书共分7图，其中平声2图、上声2图、去声2图，入声1图，基本反映明清时代读书音。

《西儒耳目资》为法国传教士金尼阁著。此书记述的是当时山西方言语音，它把汉语声母分为 20 类，每一声母除用汉字为代表字外，另用罗马字母表示，是汉语音韵史上唯一用音标注音的著作。它把韵母分为 50 类，并分别用音标标识。书中《音韵经纬总局》是一个汉语声、韵拼合表，《音韵经纬全局》则是一个声、韵、调拼合表，二者是实际上的两种韵图。此书提供了《中原音韵》与现代北方话之间有用的过渡材料，从它的注音可了解当时山西语音的实际音值。

《切韵声原》，方以智著，书中共咺、噿、上、去、入 5 个调类，共列声母 20 个，韵类 16 摄，每摄一图，每图横列 20 声母，纵列 5 调，一图之内分 2 ~ 4 部分，列各呼的字。此书试图用"新法"来改革"旧法"。

从上述几本等韵学著作，可以看出明代等韵学以当时当地实际语音为研究日的的特点，亦表明明代等韵学的昌盛。

飞云楼显示明代木构楼阁特色

明代发展了中国古代建筑的传统，获得了不少成就，特别是在木构架房屋建筑方面尤为突出，技术超过了前代。位于山西省万荣县东岳庙内的飞云楼，是明代著名木构楼阁建筑之一，它显示了明代木构楼阁的特色。

飞云楼约建于明正德年间（1506 ~ 1521），虽经明清两代多次重修，仍然基本保持原貌。它在造型方面受宋代楼阁建筑的影响，将平台、披檐、龟头殿，十字脊屋顶等多种处理手法组合在一座建筑中，呈现出雄伟华丽的风格。飞云楼为 3 层，全高23.19 米。底层平面是正方形，2、3 层各面部凸出一个十字脊歇山顶的抱厦，平面呈亞字形。各向立面有 3 个歇山顶、6 层檐口，

明张希黄山水楼阁笔筒

角部有 8 个翼角。全楼有大小 82 条琉璃屋脊及各类附有雕饰的斗拱。层檐叠角，形象非常奇特。

　　飞云楼为整体式结构。各层平面的尺寸并不相同，开间大小也有变化，不同于辽代木构楼阁，由构造相同的各层相叠而成，外观呈简单重复的规律性变化。飞云楼的主要荷载由贯穿 3 层的 4 根通天柱承担，柱高15. 45米。4 柱由枋木相联成为井筒，外檐构架全部搭接在井筒上，运用了插接、搁置、悬挑、垂吊等多种构造方法，使外檐梁枋同井筒结构紧密结合，浑然一体。这种整体性构架可以满足由不同气候条件决定的千变万化的功能要求，给各层空间的结构、门窗的设置提供极大的灵活性，为丰富楼阁建筑造型提供了条件。

山西万荣县东岳庙飞云楼

　　飞云楼是明代建筑技术进步的体现。

《高山流水》发展成熟

　　中国古琴曲《高山流水》发展到明清以后趋向成熟，并以其形象鲜明、情景交融而广为流传。

　　战国时已流传有关于《高山流水》的琴曲故事，并传为伯牙所作。但《高山流水》乐谱最早见于明代《神奇秘谱》。此谱之《高山》、《流水》解题有："高山流水二曲本只一曲。初志在乎高山，言仁者乐山之间。后志在乎流水，言智者乐水之意。至唐分为两曲,不分段数。至宋分高山为四段,流水为八段。"明清以来,随着琴的演奏艺术的发展,《高山》、《流水》有了很大的变化。《神奇秘谱》本不分段,而后世琴谱多分段。明清以来多种琴谱中以清代唐彝铭所编《天闻阁琴谱》中所收川派琴家张孔山改编的《流水》尤有特色,又称"七十二滚拂流水",此曲形象鲜明,情景交融,琴家多据此谱演奏。

另有筝曲《高山流水》,音乐与琴曲迥异,为另一乐曲。

明长城修建·长城体系完成

明灭元后,为了防御蒙古南下侵扰,大力修筑长城。明长城利用秦、北魏、北齐、隋和金修筑的长城,先后经过18次加修,起于洪武年间,止于万历年间,历时200多年方完成。明长城西起祁连山下,东到鸭绿江边,全长5660公里,称为万里长城毫不为过。明长城建筑水平在历代王朝中达到最高阶段。

长城的主体是城墙,明代以前多用土筑,明代所筑的长城因地段不同,地方材料不同,而各具特点。按筑城材料和构造看有条石墙、块石墙、砖

北京居庸关

修筑长城施工包工队工牌

THE CHINESE CIVILIZATION

盛世再现

已修缮完工之山海关"天下第一关"城楼

明长城中保存最完整、最具代表性的段落之一——八达岭长城。

经山海关向南延伸至渤海的入海长城老龙头　　　　金山岭长城敌台

墙、夯土墙及木板墙等数种。也有因地制宜随山就势的劈山墙，利用险峻峭
壁的山险墙；在黄河突口冬季还有冰墙等，而这多种墙体中，又以砖石墙、
夯土墙最多。城墙的高度也视地形起伏和险要程度而有所不同。居庸关和八
达岭附近及古北口、慕田峪等处的长城很有代表性，这些地段城墙高大坚实，
城墙表面下部砌条石，上部为砖包砌，内部填土和碎石，顶面铺方砖，墙高
平均约 7 ~ 8 米，墙基平均宽约 6.5 米，顶部高 5.8 米，净宽 4.5 米，可容 5
马并驰或 10 人并行。顶面一般随地势斜铺，在险要地改为台阶，墙顶靠里一
面用砖砌筑 1 米多高的女墙，而向外一面砌成高约 2 米的垛口，每一垛口设
了望孔和射击孔，每隔一段有吐水咀，将墙顶雨水排出墙外。墙身上隔一定
距离设一券门，券门内有砖或石砌的阶梯通至城墙顶上，守城士兵由此上落。
　　在长城上每隔 30 ~ 100 米建有一个突出墙外的台子，与城高相同而实心
者称为墙台（也叫马面）；高出城墙而空心者称为敌台。墙台在实战中有很
大作用，可使攻城者受到上部及左右两方的射击，有效地保卫着城墙的安全。
平时墙台也是士兵巡哨之处，有的墙台上还有小屋，为躲避雨雪之用。敌台
一般高出墙体 1 ~ 3 层，下部可驻扎士兵，存储弹药武器，并开有箭窗，顶
层用作瞭望放哨。这种骑墙敌台是明代名将戚继光在总结前人经验的基础上

创造的，规模小者可驻兵十几人，大者可驻上百人。

烽火台又称烽堠、烟墩、烽燧等名称，是报警和传递军情的建筑。台上贮薪，遇有敌情时白天焚烟、夜间举火。多为独立的高台，彼此相距15公里，台址选在便于互相瞭望的高岗或峰巅。多数在长城两侧，也有伸展到长城以外很远处，还有的是向关隘州府乃至首都联系的烽火台。烽火台的材料和构造与长城相同。

关隘为险要交通孔道的防御组群，由驻兵的城堡、出入的关城、密集的烽堠、敌台和多道城墙组成。关城是主体，建有瓮城、城楼、角楼、敌楼、铺房等，两侧与长城相连。现存著名关城有山海关、嘉峪关、居庸关、古北口、雁门关等，地形险要，建筑雄伟，也是中国建筑艺术中独具风格的杰作。还有许多段落具有很强的观赏价值，如北京延庆县八达岭段、怀柔县慕田峪段、密云县司马台段、河北省滦平县金山岭段等。

明代长城沿线分设9镇，自东向西为辽东、蓟镇、宣府、大同、山西、延绥、宁夏、固原、甘肃，每镇均有重兵把守。长城的关口很多，是进出长城的孔道，每镇所辖多至数百，全线共有1000以上，其中著名的有数十座，如山海关、居庸关、雁门关等。这几处都是拱围京都北京的战略要地，修筑得最为坚固。自居庸关向西至山西偏关段分成南北二线，称作里、外长城。

明朝除在北部修万里长城外，也曾在我国贵州一带筑长城380余里。

甘肃嘉峪关关城

明代长城建设，是既集前代之大成，又具自己的特色。首先，强调点线集合，突出加固城墙所经重要关隘，成其为坚固关城，与城墙紧密结合，形成以点护线的筑城体系。其次，注重加强长城的防御纵深，构筑专用于防守的墩台，在重要的防御点，层层设城塞、营垒；在重点防区构筑外濠、外墙和内濠、内墙。城墙上增敌台，外围筑关堡、烽堠，增加防御层次。形成外长城护内长城、内长城护内的三关筑城体系，加大了防御纵深。其三，工程设施的砌筑技术有很大发展和创新，明长城墙高、墙厚均较前代增加，并在后期出现了用以射击、观察、掩蔽并贮有物资、装备的空心敌台，进一步增强了城墙的防御能力。

明代修筑的长城是其北部边疆防御体系的主干，虽是以军事功能为基准的军事防御工程，但其宏伟壮观，为举世所叹为观止，是世界历史上伟大的工程之一。

唐宋派兴起

明嘉靖初年，为了矫正李梦阳、何景明等前七子"文必秦汉"的崇古、复古之风，王慎中、唐顺之、李开先等人，以唐宋欧阳修、曾巩等人平实的散文风格相号召，以期纠正前七子摹拟古人，文字诘屈聱牙而缺乏思想内容

唐宋派散文家之一唐顺之书法手迹七言律诗

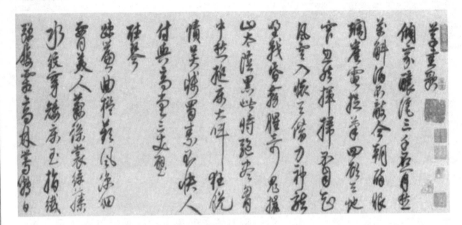

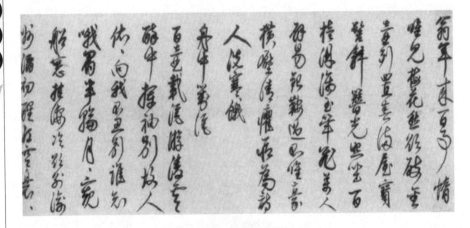

唐宋派散文家之一茅坤陆游剑南诗墨迹（部分）

的作文流弊，唐宋派正式兴起。

　　王慎中、唐顺之、茅坤、归有光等唐宋派散文家一开始就明确地提出了自己反对复古派的文学主张，以与复古派相抗衡。他们要求摆脱束缚，寻求思想感情的自然流露，认为韩愈、欧阳修、曾巩、苏轼等唐宋散文家真正领会和实践了三代两汉文章风范，表现了唐宋派推尊秦汉文章，但更强调唐宋文对其的继承和发展的态度，与前、后七广摹拟古人文句的做法是有所区别的。至于对唐宋古文的学习，唐宋派散文家提倡吸取其文章神理，直抒胸臆，不事雕琢，用自然朴素的语言写出自己的真知灼见。

为了弘扬其文学主张，唐宋派散文家选编了一些唐宋散文，给人们提供了学习和参考的仪范，唐顺之所编《文编》，选《左传》、《国语》、《史记》以及韩柳欧苏曾王等大量作品。茅坤所编《唐宋八大家文钞》达164卷，极力加以提倡，后者盛行全国，影响很大，几乎使李梦阳、何景明等人文集受到遏制。

　　除了旗帜鲜明地提出自己的文学主张，尖锐地批判复古派文风的弊端，在编选唐宋八大家散文作为文章仪范之外，唐宋派的代表人物还积极以自己的散文创作实践自己的文学主张。王慎中最初追随前七子文风，但读了欧阳修、曾巩散文后，大为赞赏，从此一意效仿，散文代表作有《海上平寇记》、《金溪游记》等，演逸洋瞻，醇厚蕴藉。唐顺之的著作《荆川先生文集》中文13卷，其文章如《信陵君救赵论》，立足于社稷，批驳以私义救人，词严义正，层层深入，环环相扣，仿佛对席论辩一般，一气呵成且结构谨严。记叙散文《竹溪记》着眼于园名的来历，极力赞扬竹子孑然孤标，仿佛出世独立、不谐于俗的品格，文笔清新流畅，立意新颖且别具一格，这类散文多有叙有议，紧扣一点而生发开来，情思遒飞又深蕴哲理，自然深远而畅达豁然，文风简雅清深，还间或口语入文，形式自由洒脱。茅坤对韩愈极为推崇，认为其文章独得"六经"之精髓，他的散文刻意模仿司马迁、欧阳修，行文跌宕激射，创作成就不高。

　　唐宋派散文家中创作成就最高者为归有光。他以一穷乡老儒的身份毅然与声势煊赫的后七子抗衡，表现了其难能可贵的傲骨。其散文创作能博采唐宋各家的长处比较完整地继承了唐宋古文的传统，被称为当时的欧阳修。他善于抒情、记事，多经解、题跋、论议、赠序、墓志、碑铭、行状、祭文及制义等，尤其以描写身边琐事、庭闱人情的作品著名，代表作有《项脊轩志》、《先妣事略》、《女汝兰圹志》、《寒花葬志》等，无不即事抒情，如叙家常，平淡自然地娓娓道来而又别具神韵。《项脊轩志》通过对项脊轩环境变化及与之有关的人事变迁的叙述，抚今追昔，伤悼自怜，表现了对家世兴衰变幻的无限感慨和对祖母、母亲、妻子等亲人的深切怀念。取材朴素，感情真切动人，借物抒情且意在言外，余音袅袅而韵味无穷，是对唐宋古文传统的继承和发展。此外，归有光散文也涉及对人民疾苦的真切关怀，批评统治者奢侈靡费等内容，有一定的现实意义，文章慷慨陈词、痛切明快，颇具欧阳修文章之气度。正因如此，归有光被推崇为明代第一散文家，直启桐城派。

总之，明代唐宋派以矫正复古派前后七子文风为己任，取得了较高的文学成就。但所持武器形式是唐宋古文，思想上为道统，无法从根本上动摇复古派的根基，因而没能从根本上转变文坛风气，但对后世，尤其是清代桐城派有直接的影响。

丹溪学派昌大

元代著名医学家朱丹溪（1281～1358），以"阳有余，阴不足"为学术思想基础，开创了丹溪学派，认为这是各种疾病产生的根本原因，治疗上主张"滋阴降火"。在明代，这派学说得到进一步的发扬光大。

明初著名医家赵道震、赵以德、刘叔渊、戴思恭等都是朱丹溪的弟子。赵道震曾奉诏参与《永乐大典》运气部分的编撰。赵以德撰有《金匮方衍义》，而戴思恭更以尽得丹溪之学而出名。戴思恭（1342～1405），字原礼，婺州浦江马剑（今属浙江诸暨）人。年轻时和父亲同随朱丹溪学医。洪武年间（1368～1398）被朝廷征为御医，任太医院使。著述很多，如《证治要诀》、《证治要诀类方》等，不遗余力地阐发朱丹溪阳有余阴不足的学术思想，更加强调"火"的危害，而且对朱丹溪主张的郁证加以发挥，其遗稿《推求师意》则意欲推求朱丹溪未尽之意。

建于明嘉靖九年（1530）的天坛回音壁

名医汪机、王纶、虞抟等人也对丹溪学说推崇备至。汪机（1463～1539），字省之，号石山居士，安徽祁门人。学术思想宗法丹溪，承袭"阳有余阴不足"论，特别重视气血研究，同时参考李东垣学说对丹溪派学术思想加以发挥。其著作结集为《汪石山医书》8种，另有《医学原理》、《本草会编》、《伤寒选录》等。王纶（约1460～1537），字汝言，号节斋，浙扎慈溪人，他把朱丹溪、李东垣学说与临证经验相结合，编成《明医杂著》一书。书中总结历代医家特长，外感引起的病症应宗法张仲景，内伤采用李东垣的方法，热病师法河间派，而杂病则当采纳丹溪派思想。尤其强调朱丹溪为集诸医大成之大家，对后世医家薛已等有一定影响。虞抟（1438～约1517），字天民，自号花溪恒德老人，浙江义乌人。其曾祖父拜朱丹溪为师，他承家业，对朱丹溪学说亦颇尊崇。所著《医学正传》，伤寒宗张仲景，内伤宗李东垣，杂病全都以丹溪派医学思想作为首选的医治方法，依次参考金代刘河间、张从正、李东垣诸家，对丹溪"阳有余阴不足"论亦有发挥。

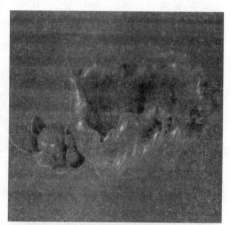

通过这些著名医家的承传和大力阐发，丹溪学派学术思想得到发扬光大，推动了中国传统医学的进一步发展。

朱氏三松开嘉定竹雕

明代竹雕分为两大派；即嘉定派和金陵派。

嘉定派以"朱氏三松"为代表。他们是明中期正德、嘉靖时人，即朱

明朱稚征竹雕残荷洗（上）
明朱稚征竹雕寒山拾得像（下）

松麟、朱小松、朱三松。他们祖孙三人都是一代竹雕名家，又均为嘉定人，故被称为嘉定派。嘉定派的开创者是朱松麟。朱鹤，号松麟，字子鸣。由于时代久远，朱鹤的作品流传绝少，传世刻有款字者，大多为赝品。现存可视为真迹的是南京博物院所藏笔筒。其刻法用高浮雕，老松巨干一截，密布鳞皴瘿节。其旁又有一松，虬枝纷挐，围抱巨干，松畔立双鹤，隔枝相对，背面刻竹枝、梅花。论其整体设计，并不完全成功。巨大松干与围抱之松枝，不像同根生成。仙鹤形象，古拙有余，矫健不足。梅竹亦稍嫌繁琐，似过分渲染祝寿之意，以致影响构图之精练。

朱小松是朱松麟的儿子，名朱缨，字清甫，小松是他的号。朱小松擅长篆及行草，于绘事造诣更深。长卷小幅，各有异趣。他所雕刻的竹雕作品，形象生动活泼，栩栩如生。时人评他"能世父业，深思巧虑，务求精诣，故其技益臻妙绝"。其作品"刻竹木为古仙佛像，鉴者比于吴道子所绘"。朱小松为人高傲耿介，品质高洁，书画皆工。朱小松的代表作有陶渊明归去来辞图笔筒，此作品刻于万历年间。其另一代表作则为上海博物馆藏的刘晨阮肇入天台香筒，此作品于直径仅3～7厘米的竹管上，将神仙洞府，

明朱缨《刘阮入天台》竹刻香筒

远隔尘寰之境界，刘、阮与仙女对奕之神情，刻画得尽美尽善，使人叹为观止，是嘉定派的代表作。

朱雅征，号三松，为朱小松次子。《南村随笔》称其"善画远山溃石，丛竹枯木，尤喜画驴。刻刀不苟下，兴至始为之，一器历岁月乃成"。朱三松的传世精品有清宫旧藏、现在台北之窥简笔筒及残荷洗。前者乃取自《西厢记》故事，刻一高髻妇人，背屏风而立，双手持卷，正在展读。右方一女子，潜出屏后，以指掩唇，回首斜睇，意欲窥视展卷之入，彼此呼应，神情连属，生于顾盼之间。后者就竹根雕成荷叶状洗，虫蚀之叶边，半残之花朵，颤索之小蟹，无不状写入微，饶有生趣。他所作的寒山拾得像，似全不费力，将此僧天真憨雅之神态，毕现于刀锷之下，亦堪称杰作。

自朱氏三松之后，嘉定学竹刻者愈来愈多，并以之为专业，且颇具朱氏风格，说明他们深受三朱影响。

盛世再现

1481～1490A.D.

明朝

1531A.D. 明嘉靖十年

三月，鞑靼犯甘肃、大同。罢四川镇守太监。

十月，鞑靼犯大同，扰应、朔等州。

1532A.D. 明嘉靖十一年

三月，小王子犯延绥。

1533A.D. 明嘉靖十二年

九月，广东巢民起事已数年，至是败灭。十月，大同兵变，杀总兵官。

1534A.D. 明嘉靖十三年

正月，小王子犯大同，叛军应之，多方攻城，不能下，二月，叛军败，小王子乃退。建皇史成。

1536A.D. 明嘉靖十五年

五月，拆宫中元时所建佛殿，焚佛牙、佛骨，毁金银佛像一百六十九座，函物凡万三千余斤。六月，整节茶马法。

1538A.D. 明嘉靖十七年

三月，命仇鸾、毛伯温等统兵助安南击莫登庸，旋罢兵。朵颜等三卫犯大清堡。

1540A.D. 明嘉靖十九年

正月，济农犯大同。六月，以十年来江，海不靖，船多遭劫，置镇守江淮总兵官，督兵镇压。瓦剌请附。世宗好神仙术，欲令太子监国，专事修道，太仆卿杨最力谏，杖死，自是监国议虽罢，但祷祠日亟，无人敢谏。江西景德镇陶工万余人以大水饥馑，群起掠食。

1532A.D.

土耳其苏里曼大军再进攻维也纳，引起与神圣罗马皇帝查理五世之战争，但同年撤退。

1534A.D.

土耳其渡海入北非取得突尼斯，将当地之摩尔王（贝格）逐出。拉伯雷发表完毕《巨人传》。画家柯勒去世。路德译《圣经》为德文。

1536A.D.

土耳其苏丹苏里曼与法王弗兰西斯一世正式缔结共同对抗神圣罗马皇帝哈布斯堡氏之同盟。荷兰人文主义作家伊拉斯莫斯（1466～1536）卒于巴尔。

1538A.D.

土耳其海军自红海远征至于印度西北海岸。收红海东岸（包括也门与亚丁）入版图。

编审徭役·实行一条鞭法

嘉靖十年（1531）三月，监察御史傅汉臣，奏请实行一条鞭法。

去年（1530）九月，张璁以大礼议受到朱厚熜（世宗）信任，升任大学士入内阁，请行编审徭役。编审徭役的具体内容是：十甲丁粮总于一里，各里丁粮总于一州一县，各州县总于府，各府总于布政司。布政司通将一省丁粮均派一省徭役，其中酌情除去优免之数，然后按照每粮一石编审银若干，每丁审银若

请行编审徭役的张璁

干。根据繁简，通融科派，造定册籍，行令各府州县永为遵守。

本月，御史傅汉臣据此提出"一条编（鞭）"，请求实行编审徭役的办法，可以避免人丁多寡不一而徭役不均的弊端。一条鞭法不仅是明代，也是中国赋役制度的重大变革。

大同等地兵变

嘉靖十二年（1533）十月六日，大同兵变。土默特小王子屯兵大同塞外，大同总兵李瑾督促役卒挖浚濠沟，残暴无道，役卒王福胜、王保等数十人遂杀李瑾。世宗命总制刘清源率兵征讨，于阳和捕杀叛军数人，并逮获叛军首领王保等。至夜，叛军杀千户张钦，将关押在狱的参将黄镇、指挥马升、杨麟放出，推为帅，迎战官军，并潜出塞外，诱外寇为助。刘清源昼夜攻城御

嘉靖九年（1530）十月开始制造的佛郎机大炮。这种火炮，小的重 20 斤，射程 600 步，大的重 70 余斤，射程可达 5 至 6 里。造成后分发各边镇，称"大将军"。

寇，死者相籍。世宗因刘清源扩大事态，于是将他撤职，由张瓒代总制。时郎中詹荣督饷大同，察知马升、杨麟并无反志，于是令马、杨擒斩其首领黄镇，答应免他们死罪。张瓒到大同，其兵乱已平，遂鼓吹入城，大集文武将吏，置酒庆功，并赏有功者而还。

　　嘉靖十四年（1535），辽东军变。明廷规定：海军 1 人，余丁 3 人帮贴；马 1 匹，给牧地 50 亩。巡抚都御史吕经至辽东，于嘉靖十四年（1535）三月二日八十将军户帮贴余丁一并编入均徭册，并收牧地还官，又役军筑边墙，苛虐失军心。嘉靖十四年（1535）三月诸军复旧制，吕经笞杖诉者，诸军于是叛变，捣毁府门，火烧均徭册，并撕裂吕经冠裳，囚于都司署。吕经被召回京，四月途经广宁，都指挥袁璘拟扣诸军月饷为吕经治装，又激起军士哗变。军士执吕经、袁璘。抚顺军士仿效，执兵备指挥刘雄。七月，巡按御史曾铣上言，力主重治。捕斩数十人，悬首边城，辽东兵变始平。事后，曾铣被提拔为大理寺丞，吕经则被谪戍。

市舶司移于壕镜澳

　　嘉靖十四年（1535），指挥黄庆纳贿，请移电白市舶司于壕镜。

　　濠镜澳（即澳门），在香山县南虎跳门外，指澳门整个港湾，包括浪白岛在内。明初，暹罗、占城、爪哇、琉球、渤泥诸国互市，俱在广州，设市舶司职掌其事。正德时，市舶司移于高州电白县。本年，指挥黄庆纳贿，请移电白司市舶司于壕镜，岁输课银20000两。壕镜遂为闽、粤商人和暹罗、爪哇、佛郎机（葡萄牙）等国商人贸易中心。后以佛郎机人为多，诸国人畏惧，壕镜遂被葡萄牙侵据。

明代金制酒具

明廷整饬茶马法

嘉靖十五年（1536）六月，整饬茶马法。

明代以茶易马，已有定制，但长期因循，弊端丛生。诸如私茶盛行，商茶不通，蕃马不市等，世宗朱厚熜遂采御史言，加以整饬。本月规定：敕洮河等三茶马司，贮茶不得超过2年所需，且限以易马定额。同时，多开商茶，通行内地，官榷其半以备军饷，严禁在河州、兰州、阶州、岷州等地贩卖，洮州、岷州、河州由边备道督察，临洮、兰州由龙右道分巡，西宁出兵借道检核，选官防守，若私茶出境或关隘，失察的以罢黜论，以至凌迟处死。于是，蕃人可按时到指定地点易马。茶法稍饬。

大毁佛骨佛像

嘉靖十五年（1536）五月，世宗敕廷臣以禁中元时所建大善佛殿所在之地建皇太后宫。同月十一日，命郭勋、李时、夏言等入视殿址。尚书夏言请

101

有司将佛骨等埋于中野，以杜愚民之惑。世宗令予以烧毁。于是毁金银佛像169座，头牙骨等13000余斤。

营建神御阁·改名皇史宬

嘉靖十五年（1536）七月，营建神御阁，改名皇史宬。

嘉靖十三年（1534）七月，世宗曾谕阁臣：祖宗御容、《宝训》、《实录》应有尊崇之所。同时令阁臣集儒士重新誊录《宝训》和《实录》，作石柜珍藏。于是选择南内之地建神御阁，由吏部尚书汪铉兼兵部尚书督理。

本月，神御阁建成，改名皇史宬。皇史宬，制如南京斋宫，内外刚砖石团砌，面积达2000余平方米。其中摆放石柜，藏《宝圳》、《实录》。重新誊录的《宝训》、《实录》，书帙大小，依《通鉴纲目》，每月1册，厚薄适匀。每朝为1柜。

明中期兴建的祈年殿、圜丘坛和皇穹宇

兵部关于张家口马市的报告（局部）

嘉靖年间修建的北京皇史宬

而祖宗御容，另行修饰景神殿珍藏。

烟草进入中国

　　烟草是一年生草木植物，原产于美洲。16世纪传至欧洲，大约在16世纪中、后期始引入中国。

　　烟草传入中国大致通过南北两线。南线：一路自菲律宾传入闽、广，再传至两湖及西南各地。在中国最早明确提到烟草的明朝张介宾《景岳全书》记载："烟草自古未闻，近自我明万历时，出于闽广之间……今则西南一方，无分老幼，朝夕不能间矣。"另一路是自吕宋传入澳门，再经台湾传入内地。北线主要由日本经朝鲜传入我国东北。初时，中朝两国曾以重刑严禁传输，但无甚效果。烟草传入中国后曾据其外来语音和其形态，味感等而有多种名称，如"淡巴菰"、"相思草"、"金丝烟"、"芬草"、"返魂烟"、"返魂香"等，从这些名称中亦可见其当时的"魅力"和对人们的侵害。之所以在中国称之为"烟"，据清《烟草谱》记载，是由于它"干其叶而吸之有烟"。

　　中国引进烟草，初期主要是以之为药。但由于烟草有使人通体俱快，别

103

具风味的感觉和能使人吸之成瘾的特性，因此明、清之际迅速传遍全国，方以智《物理小识》说："烟草，万历末行携至漳、泉者……渐传至九边"。

烟草的传入和流行导致了种植面积的不断扩大，进而产生了与粮争地的矛盾。明、清期间虽曾屡禁令，但因官僚庇护、种烟利厚、好嗜者众等原因而收效几无。相反，烟草种植面积不断扩大，并形成相对集中的产区，各种名烟亦应运而生。至 18 世纪末，出现了许多优质烟品，如湖南"衡烟"、江西"蒲城烟"、山西"青烟"、云南"兰花香烟"、浙江"奇品烟"、陕西和甘肃"水烟"等。

明经厂定型

明嘉靖十年（1531），内府匠役实行调整、精简，逐步制度化，明经厂定型。

经厂是明代专门刻印经书、佛经、道藏、藩藏的机构，隶属司礼监。设有掌司 4 人或 6 ~ 7 人。明初洪武时内府就有专门刊字匠 150 人，裱背匠 312 人，印刷匠 58 人，从事书籍刻印。嘉靖调整后，内府匠役定额 12255 人。司礼监占 1583 人，其中专事刻印书籍者 1274 人，分别由戗纸匠（62 人）、裱背匠（293 人）、折配匠（189 人）、裁历匠（80 人）、刷印匠（134 人）、笔匠（48 人）、画匠（76 人）、黑墨匠（77 人）、刊字匠（315 人）等专业匠役组成，分工极为精细。

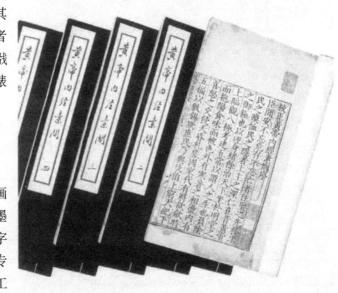

嘉靖年间赵府居敬堂刊本《黄帝内经素问》书影

经厂刻印的书本叫经厂本。据不完全统计，明经厂前后刻印的各种书本为168种。经厂本为皇家内府刻本，具有铺陈考究、开本大、印纸精、字体大、行格疏等特点，但也由于出自内宫之手，校勘不精，不为一般收藏家、学人所重视。

明经厂的定型及其大量书籍的印行，对保存和传播中国古代文化典籍起了一定的作用。

孔府档案开始建立

孔府档案是山东曲阜衍圣公府家藏文书。自汉代开始，孔个作为圣人为封建统治者所推重，并荫及子孙。衍圣公便是宋、元、明、清历朝册封孔子嫡系子孙的世袭爵号，衍圣公府，通称孔府，设在孔子故里山东曲阜。因此，衍圣公府家藏文书被称为孔府档案。

现存的衍圣公府档案，起自明嘉靖十三年（1534），迄于民国二十六年（1936），前后达400余年，总计20余万件。在这个意义上可以说孔府档案始创于明朝。

孔府档案内容丰富，涉及广泛。其中有许多与朝廷、官府往来的文书奏折，反映了封建朝廷、官府与贵族地主间的相互依存及矛盾和斗争，还有许多档案记载了雇佃人户的抗差抗租斗争，也反映了封建社会阶级矛盾和阶级斗争。

孔府档案因属私家文书，很少为外界所知。过去存放也很随便，且只按"千字文"天、地、玄、黄、宇、宙、洪、荒几字进行粗略分类，因此不仅尘封霉烂，而且颇为散乱。新中国成立后，国家档案馆和曲阜县文物管理委员会进行了系统整理，归类编号，共9000余卷。由于衍圣公府是中国封建社会晚期贵族地主的典型，因此它所保存下来的内容丰富的文书档案，对研究中国封建社会晚期的政治、经济、思想、宗法等都有比较重要的史料价值。为此，齐鲁书社出版有《曲阜孔府档案史料选编》，可供参考。

理学名臣湛若水致仕

嘉靖十九年（1540）五月，理学
臣子湛若水致仕。

湛若水（1466～1560），字元明，
号甘泉，增城人。弘治五年（1492）
举于乡，师事新会陈献章。后入南京
国子监，举弘治十八年（1505）进士，
授任翰林院编修。时王守仁在吏部讲
学，若水与之相应和。

嘉靖初，历任南京国子监祭酒、
礼部侍郎、南京吏、礼、兵三部尚书。
在任期间作《心性图说》，仿《大学
衍义补》作《格物通》，定丧葬之制，
频行天下。本月致仕。若水与守仁各
立宗旨，前者以随处体验天理为宗，
后者以致良知为宗旨。守仁言若水之

湛若水像

学为求之于外，若水亦言守仁格物之说不可信者有四。自谓"阳明（王守仁）
与吾言心不同。阳明所谓心，指方寸而言。吾之所谓心者，体万物而不遗者也"。
一时学者遂分"王湛之学"，是为明代理学两大宗。

嘉靖三十九年（1560）四月去世，享年95岁。谥文简。著有《二体经传测》、
《春秋正体》、《古乐经传》、《格物通》、《心性图说》、《杨子折衷》、
《遵道录》、《甘泉新论》、《白沙诗教解注》、《甘泉集》等。

《宁夏新志》刻行

嘉靖十九年（1540），宁夏巡抚杨守礼主纂宁夏卫人管律纂修的《宁夏新志》刻行。

管律为增补其师胡汝砺纂修的弘治《宁夏新志》之不足，在杨守礼支持下编纂嘉靖《宁夏新志》。该志的编纂开始于嘉靖七年（1528），收录内容比弘治《宁夏新志》更为丰富，体例庞博，共分8卷。卷一载宁夏总镇、建置沿革、山川、名胜、风俗、物产、上贡、关隘等；卷二为人物、古迹、陵墓、寺观诸类；卷三对所领营卫制度记叙甚详；卷四为沿革考证；卷五为赫连夏考证；卷六为拓跋夏考证；卷七、卷八为宁夏

悬空寺位于山西浑源县，明代建于绝壁上。

文苑志，分诗文两门。该志详细记述了明代宁夏军政建置、屯田和少数民族状况，还收录了宁夏历代71位作者300多首地方性的诗词歌赋，以及大批碑文、奏疏、书简和笔记，对于研究宁夏历史和明代政治，经济、社会和文化诸方面都是重要的资料，也是关于宁夏古代文学作品和历史文献最早的结集。嘉靖《宁夏新志》的刻行，反映了宁夏明代的的历史学水平。

农耕出现新技术

明代的农业耕作栽培技术，在总结前代的基础上有新的突破，主要有以下几个方面：

浅耕灭茬 明代北方干旱地区，夏耕或秋耕已形成一套完整的耕作法：浅—深—浅。清代《知本提纲》对此作了概括："初耕宜浅，破皮掩草；次耕渐深，见泥除根；转耕勿动生土，频耖毋留纤草。"第一个"浅"即浅耕灭茬，《齐民要术》曾记载这种措施。明代则把它列为耕作的第一道工序，是抗旱保墒的重要环节。又称耢、耖地。

砂田栽培 砂田是半干旱地区的一项独特创造。主要分部在甘肃中部、青海、河西一带。砂田有旱砂田和水砂田。它的建设程序是：先深耕土地，施足底肥，耙平墩实，在土面铺上粗砂和卵石或石片的混合体。旱砂田约 8 ~ 12 厘米厚，水砂田 6 ~ 9 厘米，每次有效利用期为 30 年左右。砂田老化后可更新。它具有增温、保墒、蓄水保土、压碱改良等综合性能，能起到明显增产效用。

亲田法 其实质是精耕细作的旱涝保收田或试验田。耿荫楼在所著《国脉民天》中提出的。具体的方法："有田百由者，将八十亩照常耕种，拣出二十亩，比那八十亩件件偏他些。其耕作、耙耢、上粪俱加数倍……旱则用水浇灌，即无水亦胜似常地。"遇到丰年，特殊的 20 亩收成几倍于另 80 亩；有旱涝，能保持与 80 亩丰收一样；若遇蝗灾，20 亩之地也易补救。因为耕作时对一部分地特别亲厚，所以耿荫楼称之为亲田。这对改进渤海之滨的青、齐等州"种广收微"的现象有现实意义。而且第二年又拣另 20 亩作为亲田，这样百亩之田就逐步得到改良。

套犁深耕 深耕对南方的水田耕作很重要。明代深耕要求在八九寸，不超过一尺。为了能深耕，明时创造了两种套耕方法：一是人耕与牛耕相结合的套耕法。《吴兴掌故集·禾稻》载："……尝见归云庵老僧言，吾田先用人耕，继用牛耕，大率深至八寸……"另一法是双犁结合的套耕。

明《耕获图》壁画（山西新降县稷益庙），反映了当时的农业生产过程。

看苗施肥 明代后，施肥技术越来越细致。明末的《沈氏农书》精辟地记述了基肥与追肥的关系："凡种田，总不出'粪多力勤'四字，而垫底（即基肥）尤为紧要。"至于追肥，"盖田上生活，百凡容易，只有接力（追肥）一壅，须相其时候，察其颜色，为农家最要紧机关。"即今天的看苗施肥法。其中"相其时候"就是指依据作物发育阶段；"察其颜色"即指依据作物的营养状况。

小麦移栽 这是浙江嘉、湖地区农民的一大创造。《沈氏农书·运田地法》载："八月初，先下麦种。候冬垦田移种，每棵十五六根，照式浇两次，又撒牛壅，锹沟盖之，则秆壮麦粗倍获厚收。"即先育好小麦秧苗，等晚稻收获后再移栽，从而解决小麦与晚稻争时、争地的矛盾，避免或减轻大田直播小麦的虫害。

《装潢志》总结装裱技术

明代嘉靖、万历年间（1522～1620），装裱工艺家周嘉胄在研究了江南地区的装潢工艺后，著成《装潢志》一书。

周嘉胄，淮海（今江苏扬州）人，生卒年不详。

《装潢志》是一部有关书画装裱的专著。在书中，作者首先认为装裱对于书画具有"名迹存亡"的意义，以此为基础，提出装潢艺人应具备的四项标准，即：补天之手、贯虱之睛、灵慧虚和、心细如发。至于装潢技法，作者认为在装潢之前首先要审视古书画迹的"气色"，然后使用有具体标准的纸、绫、绢、浆糊、轴头等装裱材料，采用一定的工艺形式和规格，运用洗、揭、衬边、小托、补、上贴、上杆、安轴、下壁、上壁、覆、攒、镶、贴签、囊、染古绢等装裱技术，对古书原画进行艺术的装潢加工，并对各种装裱材料、工艺规格及装裱技法，进行了具体的描述。对于当时有的工匠在装裱过程中的偷工减料、忽视装潢质量的做法，作者斥之为"取一时之华，苟且从事"，指责这种做法对于古书字画的损毁及对工匠声誉的抵毁。另外，对于装裱工匠和书画鉴赏家之间的关系，作者也认为要配合默契，"彼此意惬，然后从事"。

《装潢志》一书是作者对前人装潢技术的总结，也是作者对本人装潢实践的经验累积。书中有关装潢的指导思想和原则，对今天的书画装裱仍有重要的借鉴意义。

水陆画形成

　　早在晚唐时期，水陆画作为一种绘画风格就已经存在，经过唐、五代、宋的发展，到明代，水陆画已成为一个完整的体系，特别是在佛寺道观中，出现了水陆殿和成套的水陆画卷，代表作有河北石家庄市毗卢寺和山西稷山青龙寺腰殿的水陆壁画。

　　河北石家庄市毗卢年后殿的水陆会壁画绘制于明嘉靖十四年（1535），取材于佛教壁画《梵上帝释图》、《八人明王》、《十七护神》和道教壁画《朝元图》、《天蓬黑煞玄武火铃》、《游变神鬼》、《都官土地》等，并将这些壁画中的形象重新组合，形成一个庞大的宗教壁画。全壁画共有鬼神人物500多身，在画中上下交错分为3层。整幅壁画分东南西北4壁，其中东壁绘有南极长生大帝、浮桑大帝、东岳、中岳、南岳、四海龙王、五方诸神、地藏、十王、鬼子母等形象130多身；南壁绘有引路王菩萨、城隍土地、古帝王后妃、贤妇烈女、九流百家等形象140多身，西壁绘有北极紫微大帝、西岳、北岳、四渎、五湖堵神、雷电、山水、花木神等共140多身；而北壁则绘有以梵王、帝释为中心的120多身天神。整幅壁画图像丰富、构思精巧，再加上保存完整，具有重要的历史价值和艺术价值。

　　山西稷山青龙寺腰殿的壁画，则以内容丰富而闻名于世。该壁画的人物形象上至天宫诸神，中及人间百态，下到阴曹地府，无所不包。反映了

山西稷山青龙寺壁画《三界诸神图》（元君圣母）

111

盛世再现

河北石家庄毗卢寺《三界诸神图》（南极帝、浮桑帝）

明代壁画的一大特点。整幅壁画也是由四面组成，东壁有帝释天众、元君圣母、五方五帝、普天列曜星君、鬼子母、十二元神、四海龙王等；南壁西侧有四大明王、往古贤妇烈女等；东侧有四大明王、往古后妃文武等；西壁有梵王圣众、玉仙圣母、五岳帝君，雷电风雨众神、真武真君、苗药林木诸神等；北壁则包括东侧的六道轮回和四侧的阴曹地府，两侧都绘有门，门旁都有题词，其中东侧题词是"功德主体自然"，西侧题词是"功德主點惠庵"。

水陆画是由于为超度水陆众牛鬼魂、举行水陆斋仪而产生的，到后来已发展成了宗教绘画的一种。因此，研究水陆画的发展对于宗教艺术的发展也有一定的意义。

岳麓书院成名

岳麓书院位于湖南岳麓山。宋开宝九年（976），潭州（长沙）人守宋洞创建，为当时四大书院之一。岳麓书院历史悠久，历经沧桑，到明中叶书院复兴中，

《西游记》作者吴承恩墨迹（书于1534年）

时人受阳明学的洗礼，利用书院的多方面条件作为传播阳明学的重要基地，使之焕发生机。加之嘉靖年间政府扶持，私人资助，岳麓书院在明代成为著名的书院之一。政府拨给和私人捐助的学田有2222.9亩，水塘41个，屋基31处，为岳麓书院的成名奠定相当雄厚的物质基础。

正德二年（1507），岳麓书院开始复兴，第二年陈论主持院内教事，向人们传播"知行合一"说。但是陈论学宗湛甘泉，所以阳明学的传播只作为教学的一个次要方面。到嘉靖年间，岳麓书院学风开始转向以研习阳明学为主的改革，阳明学取得主导地位。阳明的高足弟子季本在这一转变中起主导作用。嘉靖十八年（1539）长沙知府季本大力修复岳麓书院，并亲自登坛开讲，以至四方人士多从其研习阳明学。当时正是政府刚刚颁行毁禁书院令的时候，季本的勇气令人钦佩。随后，江右王门健将罗洪先也至岳麓书院讲学。万历十年，浙中王门弟子张元忭以使事至长沙，亦赴岳麓讲学。张元忭是王畿的弟子，他讲学时常劝学人，必须悟修并进。万历天启之际，江右王门当时号称"天下忠直"的名士邹元标也到岳麓讲学。在阳明学派争夺这所朱熹曾任讲的"道学正脉"阵地时，湖湘学派的理学之士，不甘心理学传统为时风所异化，极力抗争，在岳麓书院形成学者间"理学"与"心学"学派的明争暗斗。如张元忭；在书院讲"文成之学，而究竟不出于朱子"。邹元标"其一规一矩，必合当然之天则"。这些斗争使岳麓注重躬行实践的传统仍常存，同时也促

进了阳明学派自身学风的改造。

阳明派巨子纷纷到岳麓登坛讲学，使岳麓书院名声大噪，成为明代著名书院之一。在明中叶的书院复兴运动中发挥了重要作用。

花鼓表演遍及中原

花鼓作为中玉民间歌舞，在明代表演遍及中原诸省。

花鼓又称打花鼓、花鼓子、地花鼓等。最早记载是南宋临安百戏艺人表演花鼓，表演时一般是一男一女相配合，男执锣、女背鼓以锣鼓伴奏、边歌边舞；曲调是在当地小调和山歌的基础上发展而成，曲调流畅，节奏鲜明，富有歌唱性和舞蹈性，南宋时花鼓主要是在一些节日里伴以秧歌、花灯等表演。

到了明代，花鼓得到较大发展，不仅在一些大型节日如元宵节时演唱，而且在其他一些小的节目里，人们认为应该庆贺的日子都可演唱。花鼓的种类繁多，因地而异，风格不同。主要表演遍及中原的一些地区，形成了以下几个流派，一是安徽花鼓，以凤阳最具代表性，又称凤阳花鼓，《王三姐赶集》是其代表曲目。二是山东花鼓，流行于聊城、淄博等地，其调和山东民歌相似，具有欢快活泼的特点。三是湖南、湖北花鼓，流行于长沙、岳阳、浏阳、襄阳、随州等地，如花鼓调有《十绣》、《绣荷包》等几种。四是陕西、山西的花鼓，流行于商洛、紫阳、沁县、万荣等地，其花鼓种类多，动作雄劲有力，灵巧传神，鼓点准确清脆。

由于花鼓种类繁多，明代时不同地区有其独特的风格特点，使得花鼓表演遍及中原，得到较大交流发展，作为民间歌舞至今仍在民间广泛流传。

中国版画进入繁荣时期·版画各流派出现

明代是中国版画艺术的黄金时代，这一时期版画艺术随着雕版印刷的普及和市民文学的发展，呈现出相当繁盛的局面。官办的刻印业与民间印书坊肆并行发展，印书业的发展带来版画艺术的繁荣，版画插图的种类和数量日

明代萝轩变古笺谱（两幅）

益增多，这些插图对传播知识起了重要的作用，尤其是增强了文学艺术作品的感染力。明代版画在文人、书商和刻工的努力经营下繁荣发展，出现了风格迥异的版画流派，为后世留下一批珍贵的版画杰作。

明代版画艺术的发展有以下几方面的特点：一是刻工精细。当时的雕刻工匠对自己的作品认真之至，一版完工后见有一二处不合意即碎版重刻。另外，由于各地书坊林立，雕工在技艺上竞相较量，这种竞争的风气促使工匠在雕刻技艺上精益求精，版画艺术随之迅速提高。二是版画的内容丰富，除宗教性版画外，欣赏性版画大大兴起，小说、戏曲、传奇、地理、谱录都有大量版画插图，画谱逐渐流行，木版年画和木刻连环画也开始形成。当时出版的一些重要的文学作品如《西厢记》、《水浒》、《牡丹亭》、《玉簪记》等都有大量插图，而且图文并茂。除文学作品外，有关科学知识的书中也有不少精美的版画插图，如明朝万代年间的《万宝全书》。这是一部民间常识性的百科知识小丛书，内分天文、地舆、节令、医术、卜相、琴学、书画等30多个门类，每一门类都有大小不等的插图，这些图解增强了书的可读性，

115

也扩大了其影响面。此外，一些地方志和工具书的雕版插图在明代也应有尽有。明代版画艺术发展的第三个特点是彩印技术发达，制作了大量书画谱。《十竹斋书画谱》、《萝轩变古笺谱》、《芥子园画传》等都是中国版画史上的杰作。这种能按原画的笔墨浓淡、设色深浅的变化，以水印来印成五彩的套色版画，开历史彩印的先河，在世界印刷史上占据重要地位。此外，这一时期还出现一种大型的巨幅木刻。现在发现的有《石守信报功图》等作品，都是纵横在二三百厘米以上的画面，结构宏伟，气势磅礴。

明代高松画谱

明代书坊林立，版画艺术在竞争中形成了各种流派，它们具有各自的地方特点和个人风格。明代版画的主要流派有新安派、建安派、金陵派和武林派。新安派又称徽派，以安徽歙县为中心，以刻制精工闻名于世。当地黄、汪、刘、郑、鲍诸家刻工代有相传，名手辈出。其中黄氏刻工最为著名，父子兄弟相传达十辈之久，形成数百人以刻版为业的专业队伍。他们既有艺术才能，又能勤勤恳恳以刀版为业，他们的智慧与勤劳使中国版画出现了由粗略向精美、由古朴向秀丽的转折。新安派版画的风格精细秀美，其传世作品有《养正图解》、《古烈女传》、《金瓶梅》、《琵琶记》等插图。建安派以福建建阳为中心，这一派大多为民间工匠所为，文人画家参与其事者不多，较多地保存了民间艺术真率质朴的风格。金陵派以江苏南京为中心，所刻以戏曲、小说为多。金陵刻工精巧的代表作有魏少峰《三国演义》、刘希贤和张承祖刻《金陵梵刹志》、陈聘洲等刻《西厢记》，套色凸版《十竹斋笺谱》为金陵版画增添了异彩。武林版画以浙江杭州为中心，杭州风景秀丽，山水名胜吸引着文人画士，武林版画的内容因此偏重于景物的描写。

版画是明代艺术中最为发达的一种，它附属于印书业而发展，对普及文化和科学技术起了重要作用。版画艺术的发展需要绘、刻、印三方面技术的配合，各地的画家、刻工和书商合作创制版画，在交流与竞争中，形成了具有地方特色和个人风格的艺术流派，使中国版画艺术在明代进入鼎盛时期。

盛世再现

1541 ~ 1550A.D.

明朝

1541A.D. 明嘉靖二十年

七月，俺答及阿不孩遣使求入贡，不许。

1542A.D. 明嘉靖二十一年

六月，俺答以复求入贡使者被杀，遂进扰山西，攻太原，南入潞安，七月乃退，严嵩入阁预机务。

十月，宫人杨金英等谋害世宗，未成；自是世宗移居西苑，不复还宫。

1544A.D. 明嘉靖二十三年

正月，俺答犯黄崖口，二月，又犯大水谷，三月，又犯龙门所。哲学家王廷相去世。

1545A.D. 明嘉靖二十四年

八月，建州女真犯辽东松子岭。鞑靼犯大同。

1547A.D. 明嘉靖二十六年

二月，修大同西路、宣府东路边墙。

七月，沿海倭寇渐炽，以浙江巡抚兼巡福建。

1548A.D. 明嘉靖二十七年

三月，严嵩谮杀三边总督曾铣，下前大学士夏言于狱。日本贡使以船百余艘、人六百余至浙江，诏许五十人晋京。十月，严嵩谮杀夏言。

1549A.D. 明嘉靖二十八年

正月，鞑靼犯永昌。二月，俺答犯宣府，至永宁，寻大为官兵所败。七月，陕西灾区夏税。浙江海盗汪直等勾结倭寇，大掠沿海，自是终嘉靖之世无宁岁。时边费既繁，土木、祷祠之费亦有加无已，帑藏匮竭，至变卖寺产，收赎军罪，更大括逋赋，致百姓怨嗟，海内不安。

1550A.D. 明嘉靖二十九年

五月，重修大明会典成。七月，逮巡视浙闽朱纨，朱纨自杀，遂罢巡视之官，于是海疆益不治。

八月，俺答犯宣府，扰蓟镇，入掠密云、怀柔，至通州；京师戒严，檄诸镇兵入援。俺答围北京八日始饱掠而退。

1541A.D. 法国籍宗教改革家加尔文得势于日内瓦，自此统治该地至1564年逝世时为止。

1550A.D. 法兰西、英格兰与苏格兰三国于本年订立和平条约。雷蒂库斯作《三角表》。

杨爵下狱

嘉靖二十年（1541）二月和嘉靖二十四年（1545）八月，监察御史杨爵因上疏谏君，两次下狱。

杨爵（1493～1549），字伯珍，号斛山，富平人。嘉靖八年（1529）进士，授官行人。掌传旨、册封等事，后擢升为御史。明世宗朱厚熜笃信道教，屡兴土木，整天在深宫里礼神拜仙，服食天药仙桃，以求长生不老，加封方士陶仲文为宫保，宠幸翊国公郭勋和礼部尚书严嵩等人，处死直谏的太仆寺卿杨最，政治日益腐败，饿殍遍道。嘉靖二十年（1541）二月一日，天下小雪，大学士夏言和礼部尚书严嵩等为取悦明世宗，遂作颂称贺。监察御史杨爵认为此非吉祥之兆，直言谏君，力陈"今天下大势，如人衰病已极。腹心百骸，莫不受患。即欲拯之，无措手地。方且奔竞成俗，贿赂公行，遇灾变而不忧，非祥瑞而称贺，谗陷面谀，流为欺罔，士风人心，颓坏极矣。"明世宗阅疏后大怒，立即下令逮捕杨爵并囚禁于锦衣卫牢狱，严刑拷打，致使杨爵血肉狼藉，屡频于死。所司请求将杨爵送交法司拟罪，明世宗拒绝所请，并命严加看守。狱卒以为帝意难测，屏退杨爵家人，不给饭菜，令爵饥饿难耐。四月五日九庙发生火灾，明世宗下诏百官言时政得失。户部主事周天佐上书请求释放杨爵并表彰其忠君爱国情怀，明世宗大怒，将周天佐杖毙于狱中。

御史浦铉也因上疏解救杨爵而难逃杖毙之灾。自此朝中百官无人敢直谏君王。嘉靖二十四年（1545）八月，明世宗听说有神降于乩坛，立即下令释放杨爵和因直言入狱的工部员外郎刘魁、给事中周怡。但不出一月，尚书熊浃疏言乩仙之说不实，明世宗又命东厂追捕杨爵等人。杨爵抵家才10天，即被校尉带走。杨爵对其妻说："朝廷逮我，我去矣。"言毕昂首而去，令左右观者泪下。杨爵、刘魁、周怡3人都监禁在镇抚司狱，饮食屡断。嘉靖二十六年（1547）十一月，明世宗因大高玄殿发生火灾，遂在露台祈祷，火光中仿佛听到呼唤3忠臣的声音，因而急忙传令释放杨爵3人。杨爵返家两年后，于嘉靖二十八

年（1549）十月九日逝世，享年57岁。他在狱中7年，著有《周易辨说》、《中庸解》，传世著作有《斛山遗稿》。

俺答屡次入侵

　　嘉靖二十年（1541）至嘉靖二十五年（1546）间，俺答屡次入侵明边境，给边疆地区人民生命财产的安全造成了极大的威胁。嘉靖二十年（1541）九月，俺答偕兄长吉囊率鞑靼兵入侵山西，在大同、太原等处肆意劫掠人畜财产。翌年闰五月，俺答愿意与明朝修复关系，主动派使节石天爵到大同要求明政府通贡互市，"令边民垦田塞中，夷众牧马塞外"，保证"永不相

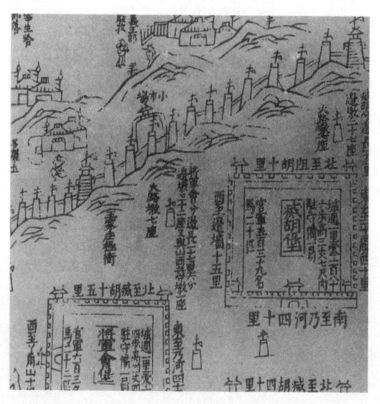

明代《俺答驻牧图》

犯"。大同巡抚龙大有为了请功获奖，诱捕石天爵，并磔杀于市，传首九边，而且还悬赏"擒杀"俺答。俺答闻讯大怒，在同年六月纠合青台吉、咒剌哈、哈剌汉以及大同叛将高怀智等各率兵数万，分掠朔州、广武、祁县等地。明军见俺答精兵利甲，不敢抵抗。七月，俺答率部越太原自南而北劫掠潞安、平阳、定襄、五台、盂县等州县，最后从广武出关通过大同左卫和阳和塞而去。自六月至七月，俺答率部共劫掠 10 卫、38 州县，屠杀边民约 20 万人，掠走牛马猪羊共 200 口，焚毁军民房舍 8 万多区，踏损稻田几十万顷，杀死明军副总兵张世忠等多人。嘉靖二十三年（1544）十月，俺答再次率兵入侵，劫掠蔚州、完县，京师告急戒严。总督宣大兵部尚书翟鹏、巡抚蓟镇、都御史朱方因逗留致震京畿罪分别被永戍边卫和杖打致死。嘉靖二十五年（1546）五月，俺答再次派 3 名使节到大同塞求贡，被总兵巡边家丁董宝杀害。同年六月至十月，俺答为报复明廷杀使拒和，率鞑靼军进犯宣府、延安府、三原、泾阳、宁夏等地，肆意劫掠，并斩杀明千户汪洪等人。

严嵩大权独揽

严嵩（1480～1567），明代江西分宜人，字惟中，又字介溪，弘治进士。嘉靖二十一年（1542）任武英殿大学士，入阁参预机务，仍署礼部事。他一味谄媚明世宗，窃权夺利，诛杀异己。嘉靖二十二年（1543），严嵩诬陷曾揭发自己受贿的巡按山东御史叶经诽谤皇上，使叶经遭杖杀。严嵩擅长撰写一些焚化祭天的"青词"，因而受到皇帝的宠幸。他勾结道士陶仲文进谗言，排挤首辅夏言。因恨翟銮资历在其上，他于嘉靖二十三年（1544）八月暗令言官绊弹劾翟銮父子在考进士时作弊，致翟銮被削职为民。翌月，严嵩升任首辅，

明九边图（部分）

THE CHINESE CIVILIZATION

大权独揽，被称为"青词宰相"。他年过花甲，整天在西苑直庐，未曾一归洗沐，明世宗称赞其勤奋，更加信任他。吏部尚书许瓒兼文渊阁大学，礼部尚书张壁兼东阁大学士，但皆不得预票拟。许瓒经常叹息："何夺我吏部，使我旁睨人！"并以不预票拟为耻乞休而去。严嵩又向明世宗进谗言，致使许瓒落职闲住。严嵩以八子严世藩和义子赵文华为爪牙，拉拢锦衣卫都指挥陆炳，操纵朝政14年，权倾朝野，招野纳贿，为所欲为，弄得政治极为黑暗，边防松弛不堪。

宫女杨金英等谋缢明世宗

嘉靖二十一年（1542）十月，宫女杨金英等谋缢明世宗，事败被诛。

嘉靖年间，明世宗朱厚熜宠信方士，烧炼丹药，命礼部以"博求淑女，为子嗣计"为名，在京师内外广选8岁至14岁女子入宫淫乐。按宫中惯例，凡同皇帝睡觉的宫女和女官都加封号。由于明世宗行幸过多，漏封的事时有发生。一部分遭受虐待的宫女极为怨恨，遂起杀死明世宗的念头。嘉靖二十一年（1542）十月二十一日凌晨，以杨金英为首的16名宫女，乘明世宗熟睡乾清宫时用绳套企图把他勒死。由于误将绳子打了死结，无法勒紧。宫女张金莲见事不济，急忙

明陈洪绶绘《烧丹图》，反映了世宗宠信道士，烧丹药引起社会上炼丹求仙风气之盛。

报告皇后。皇后赶到乾清宫后急忙解开绳子。并令领太医院事之许绅下药救治明世宗。16名宫女全部被擒，经审讯认为宁嫔王氏是主谋，端妃曹氏亦参预其事。嘉靖二十二年二月，明世宗命将宫女杨金英、徐菊花、邓金香、张春景、王玉莲等押赴市曹凌迟处死，枭首示众。端妃曹氏和宁嫔王氏也在宫中被凌迟处死，各犯族属都被处斩，家产抄没入宫，其余的宫女分付功臣家为奴。由于嘉靖二十一年是壬寅年，史称"壬寅宫变"。明世宗遇变幸免于死，在朝天宫建醮7日。

事发次日，明世宗移居西苑万寿宫，从此不再回大内，20多年不临朝听政，却日夜祷祀，妄求长生。

王廷相被削籍

嘉靖二十年（1541）九月，明世宗给翊国公郭勋敕书，命与兵部尚书王廷相等同清军役，郭勋久不领敕遭言官弹劾下狱，王廷相也被明世宗指为"朋比阿党"，削籍为民。

王廷相（1474～1544），字子衡，号平涯，又号浚川，仪封人（今河南兰考东北）。弘治十五年（1502）进士，选庶吉士，授兵科给事中。正德初年曾任监察御史。嘉靖二年（1523）历任巡抚四川右副都御史、南京兵部尚书、参赞机务等职。嘉靖十二年四月入为左都御史，次年二月加兵部尚书提督团营仍掌院事。嘉靖十八年加太子太保。嘉靖二十三年（1544）九月七日逝世。王廷相博学多才，是明代著名的文学家和哲学家，喜欢诗文，与李梦阳、何景明等并称为明文坛"前七子"；认为孔子才是儒学正统，孟轲以后都渗入异端，故对孟轲以下诸儒尤为宋儒多有批驳。著作有《王氏家藏集》、《奏议集》、《归田集》、《公移联稿》等。

九边防卫

　　明朝初年，为了防御退守北方的蒙古势力的袭扰，在修筑居庸关、山海关等处长城的同时，也随城墙建有一整套防御工事，其中以东起鸭绿江、西至嘉峪关绵延万里之线上的九边（亦称九镇）最为著名。初设辽东、大同、宣府、延绥四镇，继设宁夏、甘肃、蓟州三镇，另外太原、固原以近边，亦称二镇，合称九边，派重兵驻守。

　　辽东镇守区包括今辽宁大部，总兵官驻广宁（今辽宁北镇），隆庆元年后移驻辽阳。大同镇守区相当今山西外长城以南，总兵官驻山西大同。宣府镇守区包括今河北西北部内外长城一带，总兵官驻宣府（今河北宣化）。延绥镇守区东至黄河，西至定边营（今陕西定边），总兵官镇守今陕西绥德，成化七年移驻今陕西榆林。宁夏镇守区在今宁夏北部黄河沿岸一带，总兵官驻银川。甘肃镇守区包括今甘肃嘉峪关以东、黄河以西和青海西宁一带，总兵官驻甘州卫（今甘肃张掖）。蓟州镇守区相当今河北长城内东起山海关，西至居庸关天津以北一带，总兵官驻三屯营（今河北迁西西北）。太原镇守区包括山西内长城以南，西起黄河，东至宁武，总兵官初驻偏头（今山西偏关东北），不久移驻宁武。固原镇守区在今宁夏南部、甘肃东南一带，总兵官驻今宁夏固原。明王朝设立九边后，为加强防卫，又沿各镇修缮长城，继成化十年修东起清水营（今陕西府谷西北），西至花子池（今宁夏盐池西）长1700里的长城后，嘉靖七年（1528）又修定兵营至横城堡（今宁夏银川东南）约300里的长城，嘉靖二十六年（1547）再修自大同西路到宣府东路约800里的长城。这样，九边与长城紧密相连，缺一不可，形成了明代的长城防御工程系统。

陶仲文升官有术

陶仲文（约 1475 ~ 1560），
初名典真，黄冈（今属湖北）
人，在罗田万玉山曾受符水节，
与道士邵元节交情甚笃，并由
他推荐给明世宗。嘉靖十八年
（1539），开始总领道教，并
随明世宗南巡得宠，被封为"神
霄保国弘烈宣教振法通真忠孝
秉一真人"。明世宗生病时，
陶仲文设坛祈祷有效，先后被
授少保、礼部尚书、少傅。嘉
靖二十三年（1544）十一月，
大同擒获谍者王三，京师解严，
明世宗归功于上玄，加封陶仲
文为少师，仍兼少傅、少保。
一人兼领三孤，有明一代绝无
仅有。明世宗居住西苑以求长

明代豆青釉雕狮烛台

生不老，不侍郊庙，不见大臣，唯独陶仲文可以随时谒见，并获赐坐。明世
宗还称之为师。陶仲文请在乡县建立雷坛以祝圣寿，受到一些御史、郎中、
给事中的反对，但他们都被明世宗逮捕入狱。道教因此而盛传各地，中外争
献符瑞，焚修斋醮之事，也不再受到指斥。陶仲文恩宠久眷 20 年，直至嘉靖
三十六年（1557）因病乞准归山，并献出所受蟒玉、金宝、法冠和白金万两。

125

盛世再现

增补《后湖志》

后湖是指南京太平门外的玄武湖，是明王朝保管全国赋役档案黄册的地方。《后湖志》是明代黄册制度的专书，共十一卷，正德八年由南京户科给事中赵官开始编辑，嘉靖二十八年（1549）由南京户科给事中万文彩进行增补。卷一、二、三为事迹，记述明代后湖沿革、黄册数量以及户口、事产等。卷四至十为事例，载录了自明太祖以来历代管理黄册官员的奏疏，反映了黄册成为明朝统治者借以压榨和剥削广大农民的工具和明王朝的重要经济命脉，表明明王朝编置黄册的目的在于控制人口、稳定税收和确保差役，同时也记述了黄册制度的发生和发展过程，反映了明代由盛到衰的变化。卷十一为诗文，描述了玄武湖的景观。《后湖志》保存了大量有关明代黄册制度的重要资料，是研究明代赋役制度和档案管理制度的重要书籍。

名将曾铣被杀

嘉靖二十七年（1548）三月，名将曾铣因遭诬陷被杀。

曾铣（？～1548），字子重，号石塘，江都（今江苏扬州）人。嘉靖八年（1529）进士，后以御史巡抚山东、山西有功进兵部侍郎。嘉靖二十五年（1546），以巡抚山西兵部侍郎总督陕西三边军务。嘉靖二十六年（1547）三月，曾铣率兵出塞突袭河套鞑靼军，毙敌27人，生擒1人，受到明世宗增俸并赐予白金文绮的奖励。十一月三十日，曾铣会同陕西巡抚谢兰、延绥巡抚杨守谦、宁夏巡抚王邦瑞和三镇总兵会议收复河套方略，会后将收复河套十八事及《营阵八图》上报明世宗。十八事即恢复河套、修筑边墙、选择将才、选训士卒、买补马羸、进兵机宜、转运粮饷、申明赏罚、兼备舟车，多置火器、招降用间、审明度势、防守河套、营田储蓄、明职守、息讹言、宽文法、处孳畜。营阵八图指立营总图、遇敌驻战、选锋车战、骑兵迎战、步兵搏战、行营进攻、变营长驱、获功收兵。曾铣还独自上疏请率精兵60000多名和枪手2000名直捣鞑靼巢穴，并提出筑边墙1500里，3年完工。曾铣提出的整顿军备、筑墙御敌以及主动发兵收复河套的建议，得到首辅夏言的支持。明世宗和兵部尚书王以旂起初也支持曾铣的主张但至嘉靖二十七年（1548）正月六日，明世宗突然宣谕，谓收复河套"师出果有名否？兵果有余力、食果有余积，成功可必否？一铣何足言，只恐百姓受亡辜之戮耳"。大学士严嵩与夏言争权，知道明世宗畏惧鞑靼骑兵、无意出兵，于是逢迎帝意上奏"河套必不可复"，极力诋毁夏言擅权，称廷臣都知道收复河套之谬，只是"有所畏耳"。兵部尚书王以意又立即附合。明世宗遂降旨指责夏言私荐曾铣是不顾国家安危和人民生死的行为，"强君胁众"，并夺其官阶，还命锦衣卫迅速将曾铣押解来京。严嵩又代曾被曾铣弹劾的罪将仇鸾起草奏疏，诬陷曾铣克扣军饷巨万，掩埋不奏和贿赂勾结大臣。明世宗听信谗言，在嘉靖二十七年（1548）三月十八日以"交结近侍官员"罪将曾铣斩于京师西市，曾妻被流放3000里。戍边名将曾铣被杀后，众官都认为是一大冤案，"后竟无一人议复河套者"。九月九日，明世宗下诏逮捕曾铣部将李珍、田世威、郭震等人，十月二日又斩杀夏言于京师西市。曾铣死后，鞑靼肆无忌惮几度入侵，明世宗归咎于曾铣称："此铣欲开边，故行报复耳。"

藏书家辈出

明初，朱元璋实行休养生息政策，恢复发展生产。中叶以后，经济繁荣，贸易发达，文化教育兴盛，加上印刷术、造纸术的改进和提高及图书出版事业初具规模，社会对图书需求多样，形成私人藏书家辈出的情景。明代藏书家由宋元代各84、35人增到427人，仅浙江一省就有80多家。

明代诸藩王凭借皇帝赐书，及其财力大量收购、翻刻图书，世代积累。周定王朱橚，收集了大量明以前医籍及有关著作。到六世孙朱樘时，藏书竟达5万多卷，藏书室称"万卷堂"，编有《万卷堂书目》。宁献王朱权，广为藏书，且群书有秘本。其七世孙朱谋㙔所藏之书皆手自缮写，并将所收文

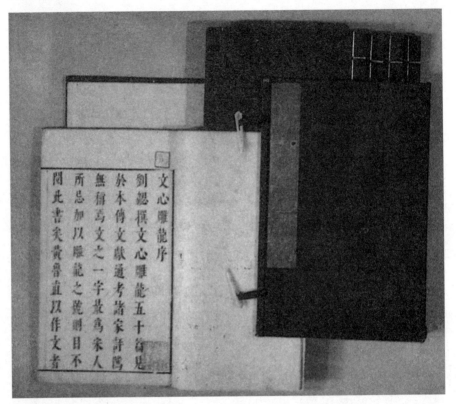

明代闵绳初刻五色套印本《文心雕龙》

献辑刊成书，达 100 余种之多。

此外，明初最著名的藏书家宋濂，官至学士承旨、知制诰，藏书数万卷。其同里郑濂藏书 8 万卷。叶盛，官至吏部左侍郎，藏书数万卷，且手自雠谁录，书楼称菉竹堂，编有《菉竹堂书目》6 卷，录图书 4600 多册，22700 多卷，多奇书秘本，开后世吴派藏书先声。

明成化年后有：杨循吉，官至礼部主事，藏书 10 余万卷。李开先，官至太常少卿，藏书之富甲于齐东。太仓王世贞，藏书 3 万余卷。归安茅坤，吴兴沈节甫亦以藏书名达江南。

嘉靖年间范钦，官至兵部右侍郎，建有著名的藏书楼天一阁，藏书为浙东之最，共有 7 万余卷。

明代私家藏书较官府藏书价值高，通过收购传抄等方式，传播了文化，使大批珍贵文献得以保留。

朱纨抗倭招祸自杀

嘉靖年间，朱纨抗倭受陷害自杀身亡。明代倭患自洪武二年开始。当时日本处于南北朝分裂时期，在内战中失败的武士以及一部分浪人和商人得到西南部一些封建诸侯和大寺院主的资助，经常驾驶海盗船只到中国沿海武装掠夺骚扰，史称"倭寇"。明初国力强盛，重视海防设置，倭寇未有酿成大患。嘉靖年间，政治腐败，边防松弛，加以东南沿海工商业发展，一些富商和海盗商人如王直、徐海等与倭寇勾结劫掠，致使倭患愈演愈烈，祸殃沿海，危及漕运，明廷告警。在此民族遭难之际，朱纨受命抗倭。

朱纨（1494～1549或1550），字子纯，号秋涯，苏州长洲（今江苏吴县）人，正德十六年（1521）进士，嘉靖初年任广东布政使，嘉靖二十五年（1546）所以升右副都御史，巡抚江西南安（今大余）、赣州，翌年（1547）因倭患严重，改任浙江巡抚，兼管福建五省海道，提督闽浙军备以抗倭。朱纨就职后积极整顿海防，并于嘉靖二十七年（1548）督兵一举捣毁倭寇巢穴宁波府双屿港，接着又派分巡副使柯乔出海直捣灵官澳，大破倭寇，擒头领

明人所绘《明军抗倭图》（局部）

129

3 人，倭军 60 人。次年四月又败倭寇于福建诏安，俘虏并斩杀海盗 96 人，并严惩通倭豪绅。由于朱纨严禁私通外蕃并屡次上疏揭露"闽浙大姓"通倭罪行，因而招致闽浙巨商豪族的忌恨。闽人巡抚御史周亮和给事中叶镗言奏改朱纨巡抚闽浙为巡视，以杀其权，御史陈九德又弹劾朱纨"擅杀"豪绅李光头等人。明世宗听信谗言，削朱纨职，命官查处。朱纨听后慷慨流泪说："吾贫且病，又负气，不任对簿。纵天子不欲死我，闽浙人必杀我。吾死，自决之，不须人也。"含愤服毒自杀。朱纨死后，"罢巡视大臣不设，中外摇手不敢言海禁事"，因此海防日益废弛，倭寇再度为患东南沿海。

昆山腔兴起

　　昆山腔为戏曲声腔、剧种，简称昆腔、昆曲或昆剧。昆山腔以苏州府下昆山、太仓为起源地，是在南戏流经昆山一带时，与当地的语音和音乐相结合，经昆山籍音乐家顾坚的歌唱与改进，至明初逐渐兴起的。明嘉靖十年至二十年间（1531～1541），经太仓人魏良辅等人的进一步发展，形成了委婉细腻、流利悠远，号称"水磨调"的昆腔歌唱体系，但这时的昆腔仅是清唱。之后昆山人梁辰鱼与郑思笠、唐小虞等人继承前人的成就将昆腔作了进一步的研究和改革。隆庆末，梁辰鱼编写了第一部昆腔传奇《浣纱记》，扩大了昆腔的影响，文人学士争用昆腔撰作传奇，演唱者也日多。于是昆腔与余姚腔、海盐腔、弋阳腔并称明代四大声腔，后又传入北京，迅速发展成全国性剧种，称为"官腔"。

　　明天启初到清康熙末的 100 余年间，昆剧进入蓬勃兴盛时期，表演艺术臻于成熟，身段表情、说白念唱、服装道具等日益讲究，已有老生、小生、外、末、净、付、丑、旦、贴、老旦等角色。折子戏逐渐盛行。折子戏以其生动的内容、细致的表演、多样的艺术风格弥补了当时剧本创作冗长、拖沓、雷同的缺陷，为昆腔注入了生气。

　　昆剧的音乐、表演艺术，在继承前代戏曲艺术成就的基础上，推陈出新，创造了许多优秀剧目。如生、旦的《琴挑》、《断桥》、《小宴》；旦角的《游园》、《惊梦》、《痴梦》；净角的《山门》、《嫁妹》；付、丑的《狗洞》、《下山》等，都是观众百看不厌的精品。昆剧对现代全国大部分声腔剧种都有过深刻影响，为其他声腔剧种借鉴提供了极为丰富的内容。例如越剧就受昆腔影响很大。

严嵩误国造成庚戌之变

严嵩当权之际，边患严重。嘉靖二十九年（1550）六月，鞑靼部俺答率军进犯大同，杀总兵张达和副总兵林椿。咸宁侯仇鸾贿赂严嵩之子严世藩，被任命为大同总兵官。八月，俺答又率兵窥视大同，仇鸾惶恐不已，竟采纳幕僚时义、侯荣的建议，贿赂俺答，求其移寇他镇，不要入侵大同。俺答受重赂后东犯蓟州。兵部尚书丁汝夔仓皇调派边兵12000骑和京营兵24000骑分守宣、蓟等关隘。八月十六日，俺答军由潮河川南下进攻古北口，明军无力抵抗，一败涂地。鞑靼兵大肆掠夺怀柔，围攻顺义，并长驱南下至通州，驻白河东孤山，分掠昌平、三河，劫掠不可胜数，并直抵北京城下，侵犯诸帝陵寝，搜掠附近村落居民，焚烧庐舍。不久又自通州渡河西向分剽西山、黄村等地。明世宗下令京师戒严，各镇勤王。丁汝夔急忙部署守军兵力，一查册籍方知禁军仅有四五万人，且多数是老弱之兵，还有多数士兵在大臣家拱卫，不得已命仇鸾驰援京城。仇鸾率大同兵两万骑驻扎通州河西。保定巡抚副都御史杨守谦率5000骑兵，延绥副将朱楫率3000骑兵亦赶往京师。不久，河间、宜府、山西、辽阳等地援兵共50000人亦云集北京。明世宗宠信仇鸾，封他为平虏大将军，节制诸路军马，又赐袭衣玉带银两，并赐封记，谕曰："朕所重唯卿一人，得密启奏进。"还任命杨守谦为兵部右侍郎，协同提督内外军事。丁汝夔问首辅严嵩退敌之计。严嵩害怕出战失利，称"塞上败或可掩也，失利辇下，帝无不知，谁执其咎？寇饱自去耳。"丁汝夔会意，戒令诸将不要轻举妄动。仇鸾到东直门观望，并斩死人首级冒功。杨守谦孤军进逼俺答营寨，但见无后援不敢进攻。勤王各军以丁汝夔和杨守谦为辞，坚守营寨，不发一矢，任由俺答兵在城外自由焚掠8天。九月，俺答兵剽掠大量金银财物、牲口和人口后由白羊口（今北京延庆西南）转张家、古北等地从容退走。仇鸾奉命追击但被击败，最后杀死80多位平民，割了他们的首级冒充敌军报功。由于许多得宠太监园宅位于城外，都受到俺答兵的焚掠，太监们泣告明世宗，称俺答大肆劫掠都是由于将帅受制于文臣所致，要求惩治失职者。明世宗指责杨守谦"拥众自全"，失误军机，八月二十六日将其斩于西市。杨守谦临刑前感叹地说："臣以勤王反获罪，谗贼之口实蔽圣聪。皇天后土知臣此心，死何恨？"丁汝夔也被捕入狱，向严嵩求救。严嵩说："我在，必不令公死"。但为了保全自己和包庇党羽大将仇鸾，不敢向明世宗求情，致使丁汝夔以守备不设之罪也在八月二十六日斩于西市，其妻流放3000里，子远成铁岭。由于这一年是庚戌年，史称"庚戌之变"，充分暴露了严嵩当权误国和明政府腐败无能。

魏良辅度新声

魏良辅是昆腔艺术家，字尚泉，祖籍江西豫章（今南昌），流寓江苏太仓，嘉靖年间杰出的戏曲革新家，对昆山腔艺术的发展提高有过巨大贡献，后人曾奉他为"昆曲之祖"。

魏良辅为改旧曲，足不下楼十年，对南曲转喉押调，度为新声。他从清唱入手，在宫调、平仄、气韵、声口等方面苦心研磨，洗尽乖声，别开堂奥，调用水磨，拍捱冷板，功深镕琢，气无烟火，启口轻圆，收音纯细。使本就体局静好的昆山腔，经此一番水磨功夫，更为清柔婉折，超乎弋阳、海盐、余姚三腔之上。

当时与魏良辅一道从事艺术革新实践的还有一批艺术家，主要有张野塘、张梅谷、谢林泉、张小泉等。魏良辅对歌唱基本要求：字清、腔纯、板正，即所谓三绝等艺术理论，对后世有深远影响。

仇英精研画技

仇英是明代中期画坛上一位难得的全能画家，精研画技，无所不工，青绿、浅绛、水墨、工笔、写意俱极精妙。

仇英（约1505～1552），字实父，号十洲，江苏太仓人，后居苏州。当过漆工，善画。在苏州得到老画师周臣的赏识，被收为学生。后来又结识了著名文人画家文征明及其子文嘉，并和艺文之士陆师道、周天球、彭年等结成至友，他与唐寅有同学之谊，与祝允明亦交谊笃厚。这对于他的画艺和学识的长进，起了十分重要的作用。

嘉靖二十六年（1547），仇英曾先后在著名鉴藏家项元汴、周六观、陈官等家作画，得以目睹项氏家藏宋元名家画千余幅，经潜心观赏和刻苦临摹，画艺大进。以精湛而全面的才能蜚声画坛，并跻身于吴门四家之列。

仇英精研"六法"，人物、山水、走兽、界画等俱能。他临古功深，主要以工笔重彩的三赵（伯驹、伯骕、孟頫）作品为主。"精丽艳逸，无愧古人"，为近代高手第一。他在继承唐宋以来优秀传统的基础上，吸取民间艺术和文人画之长，形成自己的特色。

仇英对青绿山水和工笔人物尤有建树。其青绿山水画以繁富、典雅著称。青绿山水主要师承南宋赵伯驹、赵伯骕，山水境界宏大繁复，物象精细入微，色彩浓丽而不失明雅，严谨精丽中透出文人画的妍雅温润，具有雅俗共赏的格调，存世代表作有：《桃源仙境图》、《秋江待渡图》、《桃村草堂图》等。《桃源仙境图》

仇英《停琴听阮图轴》

133

绘重岩叠岭在青山白云环绕下，几位隐士临流赏琴，遥见远处楼阁隐现。纯用石青的大片山石肃整有矩、秀丽高雅，与幽闲的人物情景交融，俨如脱尘的神仙景象。《莲溪渔隐图》则山清水秀，用色典雅，有文人画韵味，可称作疏淡的小青绿风格。仇英人物画笔力刚健，造型准确，对人物精神刻划自然，有工笔重彩和粗笔写意两种面貌，其精丽的仕女画影响尤大，形成仇派仕女画风，仇英善于将宋人的精工和元人的放逸融为一体，他结合宋元技法之长，兼容院体画和文人画的笔墨意韵，形成自出己意的变格之作。仇英人物画代表作有：《摹萧照〈中兴瑞应图〉》、《柳下眠琴图》、《蕉阴结夏图》等。

仇英精研画技，他的作品有鲜明的时代特点，饮誉各地，对明清宫廷、民间与文人的绘画产生了相当大的影响。

仇英《柳下眠琴图轴》

134

仇英《松溪论画图轴》

高消费之风盛行

　　明代中叶，经济高度繁荣，社会财富积累逐渐增加，人们手中的可支配的货币财富日益增多，因此，传统的俭朴的消费观念受到强烈冲击，奢侈豪华的生活观念继而兴起，高消费在当时的社会逐渐形成时尚。

　　首先，高消费表现在饮食方向，愈来愈多的金钱被用于酒宴上面。明代的文学著作《金瓶梅》中就记载有当时的酒席，花费最少也在三五两银子左右，这相当于当时贫寒家庭4个月的生活费，足见奢侈之一斑。有人为了请客吃喝，竟不惜出卖房产，造成严重的后果。

　　其次，服饰方面所消耗的金钱也很可观。随着经济的繁荣，人们愈发注重外表穿着的质量。官僚的服饰衣料就有杭绫、秋罗、松罗、软绸、绵绸、潞绸、硬纱等各式绫罗绸缎，大家闺秀的首饰穿戴更是前代所未有。这可从当时的一些文学著作中看出来。

　　再次，人们更多的金钱则是花费在居住环境的改善方面，花费一般都在

135

数十数百乃至数千金左右。明代中叶，在江南开始兴起私人造园之风，"凡家累千金，垣屋稍治，必欲治一园"。除园林的建筑规模外，各建筑内的家具陈设也颇为豪华。曾有一个姓周的扬州人，用金、银、珍珠、玛瑙、翡翠、象牙作原料，雕刻成山水、人物、花卉、亭台、楼阁，镶嵌于檀梨漆器之上，足见当时豪华奢侈之风气。

除饮食、服饰和居住环境外，当时在红白喜事方面的铺张也很大。在孝敬长辈的传统观念的影响下，再加上对于风水的迷信，人们不惜花费巨金购置墓地，操办葬礼，甚至有时为了一块被认为是好的墓地，家族之间不惜大动干戈。白事况且如此，红事更不用说。每逢婚姻大喜之日，水陆之途，"绣袱冒箱筒如鳞"，为一婚姻，男方往往"倾竭其家"，为婚姻以后的家庭生活带来不良影响。

故宫乾清宫：豪华的祭祀

奢侈豪华的高消费之风来源于当时巨大的社会财富。但由于过多地将财富用于消费，从而减少了对于生产的投资，特别是一些关系国计民生大事的基础手工业，在一定程度上也阻碍了社会经济的发展。

后七子"文必秦汉、诗必盛唐"

明代，八股文考试制度的施行使得文坛风行"台阁体"及"理气诗"，其中"台阁体"为无病呻吟的粉饰太平之作，"理气诗"则是无甚诗意的索然无味之作，都对当时的文人产生了不良影响。

经弘治年间"前七子"的复古运动，"台阁体"逐渐消沉，但"理气诗"依然畅行无阻，为此，"后七子"继而起之，继续提出"文必秦汉、诗必盛唐"的口号，将复古运动推向高潮。

"后七子"是由嘉靖、隆庆年间的7位诗人李攀龙、王世贞、谢榛、宗臣、梁有誉、吴国伦和徐中行组成。同前七子一样，他们认为文章当属秦汉时期之作，至于诗歌则首推盛唐时期，大力宣扬"文必秦汉、诗必盛唐"。由此掀起的文章诗歌复古运动，较前七子更为声势浩大。李攀龙（1514 ~ 1570），字于鳞，号沧溟，历城（今山东济南）人，著有《沧溟集》30卷。他的诗作主要表现在七律和七绝上面，声调清亮，词采俊爽，有一批感时伤怀的真情实感佳作问世。作为后七子的首领之一，他的复古观点比较激进，认为古文早在秦汉时期就已有法则存在，后人只要在这法则之上"琢字成辞，属辞成篇"即可，要求文章"无一语作汉之后，亦无一字不出汉以前"。至于诗歌则独推盛唐。他编选历代诗歌而成的《古今诗删》，唐后即直接明代，也可窥视

《元夜谦集图卷》，系画家陆治于明嘉靖二十六年（1547）元宵佳节偕画界师友在文征明家雅集后所作。此图反映了当时文人雅士的一个生活侧面。

THE CHINESE CIVILIZATION

他的诗歌观之一斑。这种极端的复古观点就不免使得他的文章成为复古模拟的假古董。

谢榛（1495～1575），字茂秦，号四溟山人，一号脱屣山人，临清（今属山东）人。同李攀龙一样，他主张模拟盛唐诗歌而鄙视宋诗，只是他的观点不像李攀龙一样极端，他认为盛唐14家的诗作皆有可取之处。他还强调诗歌创作中的"天机"和"超悟"，感情要真切，摹拟不要太重，因此和李攀龙产生分歧。尽管谢榛主张"超悟"，但实际上他追求的还是诗作中的"警句"，认为一首诗中只要有了"超悟"式的警句，就可称其为佳作，这也使得他的作品有时仅见某句佳句而难有完美之全篇。由于晚年漂泊外地，他的作品主要反映旅途之艰辛和漂荡之困苦。

王世贞（1526～1590），字元美，江苏太仓人，在李攀龙死后，他主持文坛达20年之久。在这过程中，他逐渐认识到复古主义的弊端之严重，认为"代不能废人，人不能废篇，篇不能废句"。他的作品，主要是为揭露社会不满现实而作。

后七子的复古运动使人们知道除四书五经外，还有很多内容丰富的古书，扩展了人们的视野，扫清了八股文的恶劣影响，但另一方面又由于过于强调模拟古文，盲目尊崇古文的形式，也在一定程度上阻碍了文学的进步。《元夜谦集图卷》，系画家陆治于明嘉靖二十六年（1547）元宵佳节偕画界师友在文征明家雅集后所作。此图反映了当时文人雅士的一个生活侧面。

王艮开泰州学派

明嘉靖八年（1539），王阳明去世，师从王阳明的王艮返回家乡开展讲学活动，且频繁往来于江浙地区传道，其学说的影响迅速扩大，中国学术史上第一个具有早期启蒙色彩的学派——泰州学派被开创。

王艮（1483～1541），字汝止，号心斋，泰州安丰场（今江苏省东台县）人，出身于世代灶户的平民家庭。他虽师承王阳明却能坚持独立见解和"狂者"风格，对王学的某些范畴和命题提出自己的具有独创性的阐释，不囿于其师的思想并常有超出。

作为一位平民思想家，其哲学思想的核心是百姓，对他们寄予同情，并认为他们通过学习也能悟道，达到君子的境界。王艮所论之道落实到现实世界的"百姓日用"之中，诸如吃饭穿衣、制陶建房等，与理学家为维护封建伦理纲常而宣扬的"天理"截然不同，撕破了理学关于"圣人之道"的神秘面纱。在此前提下，他肯定了"人欲"，认为人们对基本生活物质的需求是合理的，维护人的生存权利是道的根本。"百姓日用之道"建立在尊重基本人权的基础之上，适应了当时社会经济出现的新因素，包含了早期启蒙思想的色彩，因而被平民和下层知识分子所接受，这也是其学说能广泛传播的重要原因。

同时，王艮认为自己是帝王之师，是道的主宰和先知先觉者，只有自己的学说是直承伏羲至孔子思想，显示了其思想与理学传统相悖的独立精神。

为了解释其"百姓日用之道"对人欲的肯定和对基本人权——生存权的尊重，王艮提出了另一个哲学命题：即"尊身立本"的"格物"——认知方式。他认为天地万物与仁者浑然一体，身与天下国家是同样的事物，身体是本，天下国家是末，"格物"乃是对这一本末关系的正确认识和处理。自我完善的"尊身"是其学说的一个新特点，但"尊身"的前提是"安身"，即只有使人吃饱穿暖，享有基本生存权利才叫可能自我完善并有利于天下国家，身是客观世界的主宰，人的欲望、饮食是人的自然本性，必须顺应它，这是王艮把"身"——人的价值提到了一个崭新的高度，标志着人性的初步觉悟。同时，王艮还认为"尊身"与爱身、保身是一致的，主张人人平等的爱人思想。这种尊身、人人平等、爱人的思想也具有早期启蒙思想的某些内涵。最后，他还提倡以学习为乐，并到百姓中去学习，这无疑使学习的方式大大简化了。与烦琐经读相比，自然增添了无穷乐趣。

通过王艮的努力，其学说的影响不断扩大，影响了当时一大批人的思想，形成了一个颇具势力的泰州学派，被王襞、徐樾、赵贞吉、颜均、罗汝芳、何心隐等代代传承，成为中国古代思想史上的一大流派。它对专制君主的否定及要求富足、平等、自由的思想，构成了其早期启蒙思想的色彩。

明天文学退步

　　从明代建国开始，到万历初年（1584）近 200 年中，由于各种原因，天文学发展出现了停滞和退步。

　　明朝初年，太史院史刘基等向朱元璋呈献大统历并颁行天下，成为明王朝的官方历法。洪武十七年（1384）刻漏博士元统上书说大统历并不是新制的历法，而只是改换了名称的元代授时历，由于其推算的起算点在至元十八年（1281），已积累了 100 多年的误差，与天象不完全符合，建议编制颁行新历法。有人曾为此大胆尝试，但明太祖仍下了中国历史上从未有过的禁学天文的厉令。这严重摧残了天文学的发展，并直接导致了明初天文学的停滞和倒退。

　　洪武十八年（1385），明朝廷在南京鸡鸣山上建造了司天台，而安置于此的前一年从元大都运来的郭守敬制造的天文仪器，由于位置不同而无法使用，只得仿造一台适用于南京的浑仪。而这个天文台没有进行多少有效的天文测量，形同虚设，只是留下一些天象观测资料。正统二年（1437）明英宗朱祁镇决定修建北京观象台，应钦天监皇甫仲和奏请，派人去南京仿照郭守敬遗制制成仪器木样，回到北京后再按北京地理纬度校验北极出地高度，然后用铜铸造天文仪器，整个工程到正统十一年（1446）才基本就绪。明代宗景泰六年（1455）在皇城内又造了内观象台，台上置有简仪和铜壶，很可能是为皇帝增添的摆设。这些仪器的铸造工艺非常精美。浑仪玲珑剔透，四龙托起，雄浑凝重；简仪沉稳精细，极轴指天，莫测高深，工艺水平很高。

　　然而，这些精致的仪器并不是为了严密地观测天象以编造新的历法，因而其安装和调整都比较粗糙。明孝宗弘治二年（1489），钦天监监正吴昊发现了许多问题，二分二至时的观测发现仪器黄赤道交于奎轸两宿，而实际天象应交在壁轸两宿；浑仪极轴与实际不符合，所以二分时观测太阳出没，窥管却不能指向东西方向，太阳常离开窥管；简仪北端的方柱不够高，以致简仪的极轴也与实际极高不合，用来测恒星的去报度误差较大。明武宗正德十六年（1521），漏刻博士朱裕又发现高表的尺寸不一，用南京日出的时刻来推算北京的实测数据，实是矛盾。但他的发现无人上报，问题依然如故，直到嘉靖二年（1523），才下旨修理相风杆和简、浑二仪，到嘉靖七年（1528）又树立了一个 4 丈高的木表，以便测日影定气朔。从制造天文仪器到能正常使用，前后共花费了 90 年，而他们并未研制任何新的仪器，所做的事不过是仿郭守敬的遗制。这些都足以说明这一时期天文学的停滞和倒退的现状。

浑仪，明正统四年（1439）造，装置有六合仪、三辰仪、四游仪，用以观测全天恒星的入宿和日、月、五星的运行。

141

王廷相提倡元气论

王廷相（1474～1544），宁子衡，又号浚川，号平厓，河南仪封（今河南兰考）人。弘治十五年（1502）进士。历任兵部给事中、山东布政使、副都御史、南部兵部尚书等职。王廷相具有强烈的经实思想，主张务实，坚持气本论，反对理学的理本论，他的知行兼举强调笃行的认识论和无神论思想，对此后的进步思想家和学者产生了积极影响。

王廷相继承了张载的气本论，认为元气之上无物、无道、无理和理在气中，与理学的天地之光只有此理的理本论根本对立。王廷相认为元气是宇宙的根本，元气造就了天地万物。元气的运行即为元神，包含明阳，而阴阳二者的撞击运动，产生了日月星辰，从而产生金石草木，由此而产生了人类。他指出元气之外没有其他的主宰，否定道本论。王廷相认为气是实有之物，气产生了理，理在气中。王廷相反对把气用虚空解释，同时指出太极或太虚并非虚空，而是天地尚未形成元气的混沌状态。他认为程朱不言气而言理，是舍形而取影，陷入老庄的虚无。他还把道概括为气的规律，批评理学的道能生气说。王廷相进一步指出，元气是永恒存在而无始无终的。他认为雨水由气所化，火烧后又复归于气，宇宙万物皆由元气变化而来，称为常，即普遍性。从个别看，事物各异，则为不常，即特殊性，二者是统一的。他把气的常与不常的观点用到理的变与不变上，去解释历史的发展，指出应因时而动，因势而变，反对理学所提倡的"道一而不变"的观点。

王廷相建立了重视见闻、知行兼举和强调笃行的认识论。认为见闻能使人广博，进而找出事物的内在规律，由感性上升到理性的高度。认为只有知行兼举的人，才能向自由王国迈进。强调笃行的重要，认为只有通过力行才能获得真知。他把获得真知过程归结为讲——行——知，即讲得一事行一事，行得一事知一事，就达到了真知。他否定程朱理学的徒然泛泛而谈，也反对陆王心学的虚静守心态度。指出只有行，只有通过实践，才能出真知，这是王廷相在认识论上的光辉贡献。

王廷相从元气本体论出发，继承刘禹锡的天人交相胜，反对天人感应说，他指出天与人都是元气所化之物，天人是相分的，各司其职，故天有胜人之时，但人亦有胜天之时，并且日月之食可以根据历法推算得来，与明主或昏君并无关系，尧时有洪水，孙皓昏暴却有祥瑞。他认为国家的兴衰、人事的好坏关键在于人本身的努力，摒弃虚妄的天人感应说。

王廷相还继承了范缜的神灭论思想，提出无形气则神灭的无神论观念，反对鬼神、风水、占卜等迷信。

王廷相博学多才，著述丰富，他的学术思想独树一帜，对后世影响深远。

明式家具形成

中国家具在唐以前为适应席地而坐的起居方式，多为低型。唐以后起居方式改为垂足而坐，家具也随之改为高型。宋元家具，实物甚少，明代前期实物也不多。

自嘉靖元年（1522）以后，商品经济有了很大发展，并出现了资本主义萌芽。此时，手工业水平有所提高，工匠获得更多的自由，从业人数增

明黄花梨十字连方围子罗汉床

明黄花梨十字栏杆架格

明黄花梨五屏风式龙凤纹镜台

加，从而促进家具业的发展。明后期，江南和南海地区，大城市日益繁荣，市镇迅速兴起。与此同时，江南的家具业也有很大发展，质和量都达到高峰，并逐步形成明式家具的特色。明式家具多用南洋进口的优质硬木，诸如黄花梨、紫檀木、红木、铁木、杞梓木等，质地坚硬，色泽柔润，纹理优美。据说很

145

THE **CHINESE** CIVILIZATION

多是明初郑和下西洋时带回中国的。

随着家具业的发展，硬木家具越来越多为一般家庭使用。这种风气的形成，经济发展和社会繁荣是一个重要原因，但硬木家具的大量制作，又和南陲产木料地区的开发、海禁开后东南亚木材的输入有直接关系。明中期以后，江南某些城镇成为家具的重要产地，现存明式家具多为苏州制作，故又称明式家具为"苏州家具"。

中国家具与中国建筑一样，都采用木架构造的形式，用榫卯结合，牢固美观。明式家具也继承了这一民族传统，并发扬光大，形成了别具一格的家具造形体系。明代家具有以下几个艺术特点：一、造形简洁，单纯质朴，明快大方；二、不雕琢，不装饰，充分显示优质硬木质地、色泽、纹理的自然美；三、加工精细严谨，一丝不苟，显得精致高雅；四、比例合度，整体与局部，局部与局部都很合谐；五、尺度科学，合乎人体功能要求；六、种类很多，一般分6大类，即椅凳、桌案、床榻、厨柜、台架、屏座，每类又有很多种，造型非常丰富；七、重点装饰，画龙点睛，例如牙子、卷口、铜活的利用，少而精，很提神，既有使用功能，又有装饰作用。以上几点说明明式家具已具有很高的艺术水平。

明式家具是中国家具史上的顶峰，是中国家具民族形式的典范和代表，在世界家具史上也独树一帜，自成体系，对中国乃至世界后来家具艺术发展产生了深远的影响，占有重要地位。

舞台艺术全面繁荣

明代戏曲在继承宋元南戏和北剧杂剧的基础上，经过各声腔剧种艺人们长期而广泛的实践，在唱、念、做、舞以及舞台美术等方面，都取得了全面地发展与提高，从而使戏曲艺术逐渐走向成熟，进入了繁荣时期。

明代不同的戏曲声腔，有不同的音乐风格。但无论是向"雅"的方向发展的昆山腔，还是走"俗"的道路的弋阳腔，都很讲究歌唱艺术，首先是讲究唱"声"。以昆山腔论，唱工要求正五音、清四呼、明四声、辨阴阳等。更要求唱法技巧，如魏良辅《南词引正》说："曲有三绝，字清为一绝，腔

从这幅《明人演戏图》中，可想当年戏剧上演的景况。

纯为二绝，板正为三绝。"其次是讲究唱"情"。明代戏曲家大都意识到情的重要。潘之恒说"曲为情关"，"悲喜之情已具曲中，一颦一笑，自有余韵"（《亘史·杂篇》卷四《曲余》），他强调唱曲子必须把曲中蕴含的各种感情变化唱出来。

在戏曲演出的实践中，为了讲究艺术效果，艺人们不得不发挥自己的创造才能，改造剧本的念白，使之通俗化、性格化、戏剧化，在"念"上下功夫。

明代戏曲中的舞蹈，大多是用来表现鬼神的行动，如朱期《玉丸记》传奇《天威迅烈》一出，集中安排了一场热闹的鬼神群舞，登场作舞者有凤鬼、龙王、雨师、风婆、电姑、雷神等。在戏曲演出中，有时故意穿插一点民间舞蹈，如阮大铖《双金榜》之《灯游》中，有"闹滚灯"、"跳竹马"、"舞梨花枪"等民间舞蹈。随着戏曲表演艺术的成熟，舞蹈成了塑造人物形象和表现戏剧矛盾不可缺少的艺术手段。

武术和杂技是构成戏曲舞蹈的重要来源，戏曲艺人不断地把武术与杂技中的精彩表演吸收过来，将其舞蹈化和戏剧化，使之为塑造人物和表现剧情服务。明代的传奇作家们常常在以生旦为主的剧本中，有意识地安排几场武戏。武戏是中国戏曲独特的体裁，明人写作的剧本中，有不少武戏场子，注意在武打中塑造人物，当时的武戏，有时用真刀真枪，以此悚动和吸引观众。

中国戏曲的行头、砌末、脸谱、舞台装置等属于舞台美术方面技艺，这在明代后期有了很大的改进。时衣——现实生活中出现的时髦服装不断地被吸收到舞台上来，戏曲行头焕然一新，脸谱在戏曲演出中逐步定型和逐渐丰富，如《千金记》说项羽是"黑脸老官"、"黑脸爷爷"；《蕉帕记》说关胜"末，红脸大刀"；《鸣凤记》中的严嵩是白脸装扮（代表奸臣），另外，明代的舞台装置也有人在作舞台布景的尝试。

除上述几方面外，明代虚实结合的舞台方法也是当时艺术繁荣的一个方面。虚实结合的舞台方法以拟为主，虚实相生，是中国戏曲表演舞台方法的最重要的特征。虚实结合的舞台方法在明代戏曲创作和演出中得到了不断地丰富和提高，明代在舞台上抒情、叙事与写景的方法，比宋元时代要丰富得多，借助简单的砌末道具和桌椅等无固定意义的舞台陈设，以演员的表演来表现角色活动的环境；在假定的舞台空间和时间中，通过表演调动观众的想象，演员和观众共同来完成真与美的创造，逐渐地成了公认的艺术原则，关于虚实结合舞台方法的实例在明代传奇演出中比比皆是，这种虚实结合的方法一直流传至今，长久不衰。

戏曲演员的体验与表现戏曲艺术塑造人物以传神生动为上乘，为了达到传神的境界，演员除了练好唱念做舞的基本功，还必须把人物内心节奏的体验与恰到好处的表现技巧有机地结合起来，这条艺术原则在明代人的演戏实践中得到日益成功地体现。

明代人论戏突出地强调"情"，同时也强调"技"，强调"真"。情，被摆在更为关键的地位上，所谓"情到真时事亦真"（冯梦龙《洒雪堂》传奇卷末落场诗）。只有准确地把握住角色的内心情感，表演才能获得"真"的基础，才有达到传神的可能。因此，一些成功的艺人以生活为师，认真揣摩体验，并且用高度的表演技巧把人物内心节奏恰如其分地表现出来，因而创造出富有美感的艺术形象。在明代人形式多样的演戏活动中，体验与表现有机结合的艺术原则，得到了广泛地实践，为后世戏曲表演艺术，提供了丰富的经验。

李开先作《宝剑记》

李开先（1502 ~ 1568），字伯华，号中麓，山东章丘人，是明代文学家、戏曲作家。幼年即"颇究心金元词曲"。青年时曾任吏部考功主文、员外郎等官职，后来官位升至提督四夷馆太寺少卿。嘉靖二十年（1541），李开先不满朝政黑暗，揭露当朝的腐败，被罢官。他希望重新复出有所作为，似又不愿趋炎附势，最后只能归田终老。

嘉靖初年，李开先与王慎中、唐顺之、赵时奉等并称"八才子"。

李开先于嘉靖二十六年（1547）创作的传奇《宝剑记》共52出，他对与正统诗文异趣的戏曲小说极为推崇，主张戏曲语言"俗雅俱备"、"明白而不难知"。取材于小说《水浒传》，主要内容讲林冲因上本掸劾童贯而被谪降为提辖，又参奏太尉高俅，被刺配沧州充军，在去沧州的路上差点被害，被逼迫上梁山。后来林冲带领梁山英雄攻打汴京，皇帝将高俅父子送至梁山军处死，招安林冲、宋江等人，加封官职为结。

149

李开先的《宝剑记》比《水浒传》更具有社会意义，他描写林冲与高俅等人的矛盾冲突并不是只因高衙内想霸占林冲的妻子张贞娘，而是因林冲多次上本参奏高俅、童贯等人营私舞弊、鱼肉百姓的罪行，引起他们的嫉恨。李开先通过抨击封建统治阶级的丑恶行径，从另一个侧面反映出他所处的朝代的社会各种矛盾，表现出仕途坎坷的愤懑心情。林冲与高俅的矛盾就成为一场忠奸斗争，成为关系到国家存亡的斗争。

　　《宝剑记》中的第37出，写林冲夜奔梁山表达了林冲"专心投水浒，回首望天朝"的复杂心情，在昆曲和京剧中盛演不衰。明代陈与郊曾根据《宝剑记》改编成传奇《灵宝刀》。

"白阳青藤"将写意花鸟推向高峰

　　明代写意画从明初王绂、夏泉的水墨兰竹算起，林良与孙隆的宫廷花鸟画改革已经为此提供了必要的铺垫。吴门画派沈周与唐寅在题材及笔墨技巧的开拓深入方面迈出了关键的一步，最终把写意花鸟画推向新的更加完美的水平，通常，人们将明代中叶前后的陈道复和徐渭，称为画史上的"白阳青藤"。

　　陈道复（1483～1544），初名淳，后以字行，更字复甫，号白阳山人，吴（今江苏苏州）人，曾随文征明学画，中年以后，笔墨放纵，诗文书画显示出鲜明的个性，画山水参酌米友仁、高克恭的米氏云山法，水墨酣畅淋漓，存世的《罨画山图》卷可见其一斑。他更擅长画花鸟，多用沈周的格局，取宋人的禅意写生与元人的书法用笔，淡彩与水墨交融，论者称其"一花半叶，淡墨欹毫，疏斜历乱之致，咄咄逼真"（《明录》）。若将陈道复与沈周的

笔意疏朗、淡黑欹毫的《白花卷》（部分）。（陈淳）

写意画相比较，状物上沈周拘谨而陈道复放逸，用墨上沈周板直而陈道复灵动，意趣上沈周文雅而陈道复更趋落拓。传世的《红梨诗画图》卷、《墨花钓艇图》卷、《墨花图册》和《墨花十二种》等都具有代表性。值得一提的是，作折枝长卷问题诗跋这种便于抒发胸臆、书画并美的文人画特色，是由陈道复等率先采用的。

徐渭（1521～1593），字文长，号天池，晚年号青藤，山阴（今浙江绍兴）人。自幼聪颖，诗文书画均有造诣，著有《四声猿》等多种剧本，并有《南词叙录》传世，他多次应考乡试不中，出任浙闽总督胡宗宪的幕僚，为抗倭建有战功，后因胡获罪被杀，精神大受刺激。45岁时他写了《自为墓志铭》几度自杀未成，结果因误杀妻子被下狱，出狱后生活贫困，以卖字画为生。受坎坷的个人经历与解放个性的新思潮影响，使他作花鸟画不拘绳墨，狂纵恣肆，着意于气韵的体现。《杂花图卷》是他的代表作，画梅、菊、芭蕉、梧桐、水仙等等，激情奔放，运笔如飞。《山静居画论》在对比沈周与徐渭时说："点簇花果，石田每用复笔，青藤一笔出之；石田多蓄之致，青藤擅跌荡之趣。"他的《牡丹蕉石图》、《山水人物花卉册》等图都十分注意氲的水份与干、湿、

不求形态，淋漓畅快的《墨葡萄图轴》。（徐渭）

浓、淡不同的墨色对比组合，画面韵致丰采，显得形简意深。

徐渭的一些作品如《墨葡萄图》描绘了斜倚的老藤一枝，在忽大忽小的点点泪痕般的墨叶当中，透出几串无人摘采的干瘪野葡萄，上面题有一首诗："半生落魄已成翁，独立书斋啸晚风。笔底明珠无处卖，闲抛闲掷野藤中。"与图绘相互辉映，抒发出了作者内心深处的感慨。

徐渭的创作，继陈道复之后，将中国写意花鸟画推向强烈抒发主观性情的新境界，并且把生宣纸上自如控制笔法、水份与墨色，提练笔墨语言的表现力提高到前所未有的水平。"白阳青藤"是中国写意花鸟画发展的一个里程碑。